O DIABO DOS NÚMEROS

Hans Magnus Enzensberger

O DIABO
DOS NÚMEROS

Um livro de cabeceira para todos aqueles
que têm medo de matemática

Concepção gráfica e ilustrações:
ROTRAUT SUSANNE BERNER

Tradução:
SÉRGIO TELLAROLI

31ª reimpressão

Copyright © 1997 by Carl Hanser Verlag München Wien

O selo Seguinte pertence à Editora Schwarcz s.a.

Grafia atualizada segundo o Acordo Ortográfico da Língua Portuguesa de 1990, que entrou em vigor no Brasil em 2009.

Título original:
Der Zahlentufel

Preparação:
Márcia Copola

Revisão técnica:
Iole de Freitas Druck
Carlos Edgard Harle

Revisão:
Beatriz Moreira
Cecília Ramos

Dados Internacionais de Catalogação na Publicação (cip)
(Câmara Brasileira do Livro, sp, Brasil)

Enzensberger, Hans Magnus, 1929-
  O diabo dos números / Hans Magnus Enzensberger, ilustrações Rotraut Susanne Berner ; tradução Sérgio Tellaroli. —
1ª ed. — São Paulo : Companhia das Letras, 2009.

  Título original: Der Zahlenteufel.
  isbn 978-85-7164-718-3

  1. Ficção alemã 2. Matemática (Literatura infantojuvenil)
i. Berner, Rotraut Susanne. ii. Título.

97-4660	CDD-028.5

Índice para catálogo sistemático:
1. Matemática : Literatura alemã 028.5

Todos os direitos desta edição reservados à
EDITORA SCHWARCZ S.A.
Rua Bandeira Paulista, 702, cj. 32
04532-002 — São Paulo — sp
Telefone: (11) 3707-3500
www.seguinte.com.br
contato@seguinte.com.br

 /editoraseguinte
 @editoraseguinte
 Editora Seguinte
 editoraseguinteoficial

Para Theresia

A primeira noite

Fazia tempo que Robert estava cheio de sonhar. Dizia para si próprio: "E, além do mais, faço sempre papel de bobo".

Por exemplo: em seu sonho, muitas vezes ele era engolido por um peixe enorme e repugnante, e, sempre que isso acontecia, ele ainda tinha que aguentar um cheiro horroroso entrando pelo seu nariz. Ou então sonhava que estava escorregando num escorregador sem fim, descendo cada vez mais fundo no abismo. Podia gritar "Para!" ou "Socorro!" o quanto quisesse, e não adiantava: ia descendo cada vez mais rápido, até acordar molhado de suor.

Caía também num outro truque maldoso quando desejava muito alguma coisa, como, por exemplo, uma bicicleta de corrida de no mínimo 28 marchas. Aí, Robert sonhava que a bicicleta, toda pintada de um lilás metálico, estava esperando por ele no porão. Era um sonho de uma precisão incrível. Lá estava a bicicleta, à esquerda do armário de vinhos, e ele sabia até mesmo a sequência dos números para abrir o cadeado: 12345. Essa sequência era muito fácil de guardar!

No meio da noite, ele acordava, apanhava a chave na parede e, ainda meio sonolento e cambaleante em seu pijama, descia os quatro lances de escadas até lá embaixo. E o que ele encontrava à esquerda do armário de vinhos? Um rato morto... Que enganação! Um golpe muito baixo.

Com o tempo, Robert descobriu como se defender desses golpes baixos. Assim que começava a sonhar com tais coisas, pensava rápido, sem acordar: "Lá vem de novo o velho peixe nojento. Sei muito bem o que vai acontecer agora. Ele quer me engolir. Mas é lógico que estou sonhando com este peixe, e claro que ele só pode me engolir no sonho, e nada mais". Ou então pensava: "Lá vou eu escorregando de novo, o que é que se vai fazer? Não posso parar com isso, mas também não estou escorregando *de verdade*".

E assim que a bicicleta maravilhosa aparecia outra vez, ou um joguinho de computador que Robert queria de qualquer jeito (e lá estava o joguinho, bem nítido, ao lado do telefone: era só pegar), ele já sabia que era de novo pura enganação. Não dava nem bola para a bicicleta. Deixava para lá. Mas, por mais esperto que ele fosse, aquilo tudo era uma amolação e, por isso, os sonhos o irritavam.

Até que um dia apareceu o diabo dos números.

Robert já estava feliz só por não estar sonhando com um peixe faminto, ou por não estar escorregando cada vez mais rápido desde a torre bem alta e oscilante daquele escorregador sem fim, descendo cada vez mais fundo no abismo. Em lugar disso, estava sonhando com um gramado. Engraçado era apenas que a grama subia tão alta em direção ao céu que ultrapassava os ombros e a cabeça de Robert. Ele olhou em torno e, logo na sua frente, viu um senhor bem velho e baixinho, mais ou menos do tamanho de um gafanhoto, sentado numa folha de azedinha, balançando-se e observando-o com olhos cintilantes.

— Mas quem é você? — Robert perguntou.

E o homem gritou numa altura que o surpreendeu:

— Sou o diabo dos números!

Robert, porém, não estava disposto a se deixar perturbar por um anãozinho daqueles.

— Em primeiro lugar — disse —, não existe nenhum diabo dos números.

— Ah, é? E por que você está falando comigo, se eu nem existo?

— Em segundo lugar, odeio tudo o que tenha a ver com matemática.

— E por quê?

— "Se 2 padeiros fazem 444 rosquinhas em 6 horas, de quanto tempo precisarão 5 padeiros para fazer 88 rosquinhas?" Coisa mais idiota — Robert seguiu resmungando. — Um jeito estúpido de matar o tempo. Portanto, desapareça! Caia fora!

Com elegância, o diabo dos números saltou de sua folha de azedinha e foi sentar-se ao lado de Robert, que, em sinal de protesto, se acomodara na grama alta como as árvores.

— De onde você tirou essa história das rosquinhas? Provavelmente da escola.

— E de onde mais poderia ser? — disse Robert. — O professor Bockel, um novato que dá aula de matemática para nós, está sempre com fome, embora já seja bem gordo. Quando ele pensa que não estamos vendo, porque estamos fazendo as contas que ele passa, ele tira escondido outra rosquinha da sua pasta. E devora a rosquinha enquanto nós fazemos nossas contas.

— Tudo bem — disse o diabo dos números com um sorrisinho irônico. — Não quero falar nada contra o seu professor, mas isso não tem nada a ver com matemática. Sabe de uma coisa? A maioria dos matemáticos de verdade nem sabe fazer contas. E, além do mais, eles nem têm tempo para isso. Para fazer contas existem as calculadoras. Você não tem uma?

Robert viu um senhor bem velho e baixinho, mais ou menos do tamanho de um gafanhoto, sentado numa folha de azedinha, balançando-se e observando-o com olhos cintilantes.

— Tenho, mas não podemos usar na escola.

— Ah... Não tem importância. Um pouquinho de tabuada não faz mal a ninguém — disse o diabo dos números. — Pode ser bastante útil quando a bateria acaba. Mas matemática, meu caro, é outra coisa bem diferente!

— Você está é querendo me levar na conversa — disse Robert. — Não confio em você. E se você vier me passar tarefa até no meu sonho, eu começo a gritar. Isso é um desrespeito aos direitos da criança!

— Se eu soubesse que você era um covardão — disse o diabo dos números —, nem teria vindo. Afinal, só queria me divertir um pouco com você. Em geral, tenho as noites livres, e aí pensei comigo: dá uma passadinha lá no Robert; com certeza ele já deve estar cheio de ficar o tempo todo escorregando naquele escorregador.

— Isso é verdade.

— Pois então.

— É, mas não deixo ninguém me fazer de bobo — protestou Robert —, pode pôr isso na sua cabeça!

O diabo dos números então deu um salto e, de repente, já não era tão baixinho.

— Não se fala assim com um diabo! — gritou.

E se pôs a pisotear a grama ao redor até achatá-la no chão. Seus olhos faiscavam.

— Desculpe — Robert murmurou.

Pouco a pouco, aquilo tudo começou a lhe parecer meio sinistro.

— Se é tão simples assim conversar sobre matemática, como a gente conversa sobre filmes ou bicicletas, para que então um diabo?

— Pois aí é que está, meu caro — respondeu o velho. — O que há de diabólico nos números é que eles são simples. Na verdade, você não precisa nem de uma calculadora. Para começar, você só precisa de uma coisa: o 1. Com ele, pode-se fazer quase tudo. Se, por exemplo, os números grandes o assustam, digamos, 5 723 812, é só começar com:

$$1+1$$
$$1+1+1$$
$$1+1+1+1$$
$$1+1+1+1+1$$
$$\cdots$$

e assim por diante, até chegar aos 5 milhões e tanto. Não venha me dizer que é complicado demais para você! Até o último dos idiotas entende isso, ou não?

— Claro — respondeu Robert.

— E isso nem é tudo — prosseguiu o diabo dos números. Segurava agora numa das mãos sua bengala com castão de prata, e a girava diante do nariz de Robert. — Quando chegar aos 5 milhões e tanto, você simplesmente segue contando. E vai ver que pode prosseguir até o infinito. Na verdade, os números são infinitos.

Robert não sabia se devia acreditar naquilo.

— E como é que você sabe? — perguntou. — Já experimentou fazer isso?

— Não, eu não. Em primeiro lugar, demoraria muito tempo e, em segundo, não é importante.

Isso não ficou claro para Robert, que argumentou:

— Ou eu posso contar até o infinito, e então os números não serão infinitos, ou eles são, e aí eu não posso contar até lá.

— Errado! — gritou o diabo dos números. Seu bigode tremia, o rosto ficou vermelho e a cabeça começou a inchar de raiva e a crescer cada vez mais.

— Errado? Como assim? — perguntou Robert.

— Seu burro! Quantos chicletes você acredita que já foram mascados no mundo todo até hoje?

— Não sei.

— Mais ou menos?

— Um montão enorme — respondeu Robert.

— Se a gente contar só os do Albert, da Bettina, do Charlie, os do pessoal da minha classe, os de toda a cidade, os do país inteiro, os dos Estados Unidos... São bilhões.

— No mínimo — avaliou o diabo dos números. — Vamos supor então que a gente contasse até o último dos últimos. Aí o que é que eu faço? Tiro um novo chiclete do bolso, e pronto: nós teremos o número de todos os chicletes mascados até hoje mais 1, ou seja, o número seguinte. Entendeu? Não preciso contar os chicletes. Em vez disso, simplesmente indico para você numa receita como é que a contagem prossegue. Não precisa mais nada.

Robert refletiu por um momento. Teve então que admitir que o homem tinha razão.

— Aliás, o contrário também acontece — acrescentou o velho.

— O contrário? O que quer dizer "o contrário"?

— Ora, Robert — e o velho agora dava de novo o seu sorrisinho —, é que existem tanto infinitos números grandes quanto infinitos números pequenos também. Infinitos mesmo.

E, ao dizer isso, o sujeito fez sua bengala girar feito uma hélice diante do rosto de Robert.

"Isso é de dar tontura", pensou ele. Era a mesma sensação do escorregador pelo qual já escorregara tantas vezes para dentro do abismo, cada vez mais fundo.

— Chega! — Robert gritou.

— Mas por que você está tão nervoso, Robert? Isso é totalmente inofensivo. Olhe só, vou pegar um chiclete. Aqui está...

E, de fato, ele puxou um chiclete de verdade

do bolso. Só que o troço era tão grande quanto uma prateleira, tinha uma cor lilás suspeita e era duro como pedra.

— Quer dizer que isto é um chiclete?

— Um chiclete sonhado — disse o diabo dos números. — Vou reparti-lo com você. Preste atenção. Até agora, ele ainda está inteiro. É o *meu* chiclete. 1 pessoa, 1 chiclete.

E, enfiando um pedaço de giz de uma cor lilás suspeita na ponta de sua bengala, o diabo dos números prosseguiu:

— Isso a gente escreve assim:

Os dois uns, ele os rabiscou direto céu, exatamente como aqueles aviões que desenham frases de propaganda no ar. Os números lilases pairavam sobre um fundo de nuvens brancas, e só foram se desfazendo aos poucos, como sorvete de amora.

Robert olhava para o alto.

— Coisa de maluco — disse ele. — Bem que eu queria uma bengala dessas também.

— Ora, não é nada especial. Com ela, escrevo em tudo: nuvens, muros, telas. Não preciso de caderno ou pasta. Mas não é disso que estamos falando! Preste atenção no chiclete. Vou quebrá-lo em dois, e cada um de nós ficará com uma metade. 1 chiclete, 2 pessoas. O chiclete, a gente escreve em cima; as pessoas, embaixo:

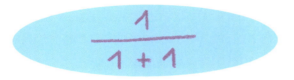

E agora, é claro, os outros também vão querer um pedaço, o pessoal da sua classe.

— Albert e Bettina — disse Robert.

— Por mim, tudo bem. Albert pede um pedaço para você, Bettina pede um para mim, e nós dois vamos ter que repartir nosso chiclete. Cada um vai ficar com ¼:

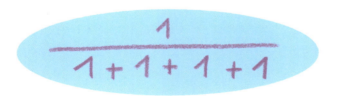

Mas é lógico que isso ainda não é tudo. Cada vez mais pessoas vão chegando, cada uma querendo seu pedacinho. Primeiro, o pessoal da sua classe; depois, a escola inteira, a cidade inteira. Cada um de nós quatro vai precisar dar metade de seu quarto de chiclete, e então metade da metade, e metade da metade da metade, e assim por diante...

— E o chiclete vai acabar virando pó — concluiu Robert.

— Até que os pedacinhos de chiclete vão ficar tão minúsculos que nem vai mais ser possível vê-los a olho nu. Mas isso não tem importância. A gente continua dividindo os pedacinhos até que todos os mais de 6 bilhões de habitantes da Terra tenham recebido o seu. E, depois, será a vez de todos os ratos do planeta, que também querem chiclete. Como você pode ver, dessa maneira nunca chegaremos ao fim.

Com a bengala, o velho seguira escrevendo cada vez mais uns sob um infindável traço lilás no céu.

— Desse jeito você vai rabiscar o mundo todo! — exclamou Robert.

— Ah! — gritou o diabo dos números, sempre e cada vez mais vaidoso. — Estou fazendo isso por sua causa! Afinal, é você quem tem medo de matemática e quer ver tudo o mais explicadinho possível, para não se confundir.

— É, mas sempre 1, 1, 1 e só 1... Com o tempo, vai ficando chato. Além do mais, é muito detalhe — Robert ousou retrucar.

— Está vendo? — disse o velho, apagando o céu com mão displicente, até que todos os uns houvessem desaparecido. — Naturalmente, seria mais prático que pensássemos em coisa melhor do que sempre e apenas 1+1+1+1... Foi por isso, aliás, que inventei todos os outros algarismos.

— Você? Quer dizer então que foi você que inventou os números? Vai me desculpar, mas não dá para acreditar nessa.

— Ora, está bem — disse o velho —, eu e alguns outros. Tanto faz quem foi. Por que você é tão desconfiado assim? Se quiser, eu mostro para você como fazer todos os outros algarismos usando somente uns.

— E como isso é possível?

— Muito fácil. Faço assim:

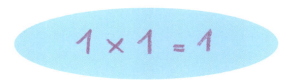

Depois vem:

E, para esse aí, você provavelmente vai precisar da sua calculadora.

— Besteira! — respondeu Robert.

— Está vendo só? — disse o diabo dos números. — Você já fez um 2, e só com uns. E agora me diga, por favor, quanto é:

111 × 111

— Aí já é demais — protestou Robert. — Essa conta eu não posso fazer de cabeça.

— Pois então pegue a sua calculadora.

— E de onde eu vou tirar a minha calculadora? Eu não ando com ela nos meus sonhos.

— Então tome esta aqui — disse o diabo dos números, pondo uma calculadora na mão de Robert. E uma calculadora, aliás, estranhamente mole, como se fosse feita de massa. Era verde-clara e pegajosa, mas funcionava. Robert digitou:

E qual foi o resultado?

$$12321$$

— Legal — disse Robert. — Agora já temos um 3 também.

— Pois então. E agora você continua fazendo do mesmo jeito.

Robert se pôs a digitar:

$$1111 \times 1111 = 1234321$$
$$11111 \times 11111 = 123454321$$

— Muito bem! — O diabo dos números deu um tapinha no ombro de Robert. — Tem um truque muito especial aí. Você com certeza já notou. Ou seja, se for adiante, você não apenas vai obter todos os algarismos de 2 a 9, mas também poderá ler o resultado tanto da esquerda para a direita quanto da direita para a esquerda. É a mesma coisa que acontece com palavras como ANA, OTO ou RADAR.

Robert continuou experimentando, mas já em:

a calculadora pifou. Fez um *pff!* e se transformou numa papa verde-clara que se desfazia lentamente.

— Mas que diabo! — exclamou ele, limpando com o lenço aquela massa verde dos dedos.

— É, agora você vai precisar de uma calculadora maior. Um bom computador faz isso brincando.

— Mesmo?

— Claro! — respondeu o diabo dos números.

— E é capaz de ir sempre em frente com essas contas, até o dia de São Nunca? — perguntou Robert.

— Naturalmente.

— Você experimentou fazer esta:

$$11\ 111\ 111\ 111 \times 11\ 111\ 111\ 11$$

algum dia?

— Não, eu não.

— Eu não acredito que dê certo — afirmou Robert.

O diabo dos números começou a fazer a conta de cabeça. Mas, de novo, inchava de forma ameaçadora. Primeiro a cabeça, até que ela ficou parecendo um balão vermelho: de raiva ou por causa do esforço, pensou Robert.

— Espere um pouco — murmurou o velho.
— Aí dá uma tremenda salada. Maldição! Você

está certo, com esse número não dá. Como é que você sabia?

— Eu não sabia coisa nenhuma — respondeu Robert. — Só adivinhei. Não sou idiota de querer fazer uma conta dessas.

— Pouca-vergonha! Na matemática não se adivinha nada, entendeu? Nela, tudo é exato!

— Ora, mas você disse que dava para ir em frente até o dia de São Nunca. Será que isso não foi adivinhação?

— O que é que você está pensando? Para começo de conversa, quem você pensa que é? Um mero iniciante, nada mais! E ainda quer me mostrar como é que a coisa funciona?

A cada palavra que cuspia, o diabo dos números ia ficando cada vez maior e mais gordo. Tinha dificuldade para respirar. E Robert foi ficando com medo dele.

— Anão dos números! Cabeça de vento! Titica de galinha! — gritava o velho, e, mal pronunciara o último xingamento, explodiu de pura raiva com um grande estrondo.

Robert acordou. Tinha caído da cama. Estava um pouco tonto, mas apesar disso não pôde conter o riso quando se lembrou de como pegara o diabo dos números.

A segunda noite

Robert escorregava. Era a mesma coisa de sempre: bastava adormecer, e lá ia ele, sempre para baixo. Dessa vez, era uma espécie de pau de sebo. "Não olhar para baixo", Robert pensou, segurando-se firme e escorregando com as mãos ardendo, para baixo, sempre para baixo... Quando, de um salto, aterrissou no chão musgoso e macio, ouviu uma risadinha. Diante dele, sentado num cogumelo marrom como o couro e macio feito o veludo, lá estava o diabo dos números, menor do que a imagem que Robert tinha na lembrança e contemplando-o com seus olhos cintilantes.

— Mas de onde *você* está vindo? — perguntou a Robert, que apontou para cima. O pau de sebo alcançava grande altura, e ele viu que, lá em cima, terminava num tracinho oblíquo. Robert aterrissara numa pequena floresta de gigantescos uns.

O ar em volta zunia. Diante de seu nariz, algarismos e mais algarismos dançavam feito pequenos mosquitos. Com as duas mãos, Robert tentou espantá-los, mas eram muitos; sentia cada vez mais aqueles minúsculos dois, três, quatros, cincos, seis, setes, oitos e noves roçando-lhe a pele.

Já achava traças e borboletas noturnas bastante repugnantes, por isso não gostava nada quando aquelas bestas chegavam muito perto dele.

— Estão incomodando? — perguntou o velho. Com a palma da mão aberta, soprou com um *ffft!* os números para longe. De repente, o ar estava limpo; somente os uns altos como árvores erguiam-se eretos em direção ao céu.

— Sente-se, Robert — convidou o diabo dos números. Dessa vez, mostrava-se surpreendentemente amistoso.

— Onde? Num cogumelo?

— Por que não?

— Isso é tolice — queixou-se Robert. — Onde é que nós estamos, afinal? Num livro infantil? Da outra vez, você estava sentado numa folha de azedinha, e agora me oferece lugar num cogumelo? Isso me soa familiar; já li isso antes em algum lugar.

— Talvez este seja o cogumelo de *Alice no país das maravilhas* — disse o diabo dos números.

— O que essas histórias infantis têm a ver com matemática, só o diabo é que sabe — Robert resmungou.

— Isso acontece quando a gente sonha, meu caro! Por acaso você acha que fui *eu* que inventei esses mosquitos todos? Não sou eu quem está deitado na cama, dormindo e sonhando. Estou é

"Não olhar para baixo", Robert pensou, segurando-se firme e escorregando com as mãos ardendo, para baixo, sempre para baixo... Robert aterrissara numa pequena floresta de gigantescos uns.

muito acordado! E então? Vai ficar em pé aí a vida toda?

Robert viu que o velho tinha razão, e subiu no cogumelo mais próximo. Era um cogumelo enorme, macio, encurvado e confortável como uma poltrona.

— Está gostando daqui?

— Dá para o gasto... — respondeu Robert.

— Só fico me perguntando quem inventou tudo isto, estes números-mosquitos, este pau de sebo em forma de 1 pelo qual eu desci. Eu nunca teria sonhado com uma coisa dessas. Foi você!

— É bem possível — disse o diabo dos números, refestelando-se satisfeito em seu cogumelo. — Mas está faltando uma coisa!

— O quê?

— O zero.

De fato. Entre todos os mosquitos e traças não tinha aparecido um único 0.

— E por quê? — perguntou Robert.

— Porque o 0 foi o último número a ser descoberto pelo homem. O que não é de admirar, pois o 0 é o mais bem bolado dos números. Veja só!

E o diabo dos números começou de novo a escrever no céu com sua bengala, bem no ponto onde os uns altos como árvores deixavam um espaço vazio:

$$MCM$$

— Em que ano você nasceu, Robert?

— Eu? 1986 — respondeu ele, um pouco a contragosto.

E o velho escreveu:

$$MCMLXXXVI$$

— Mas isso eu conheço! — exclamou Robert. — São aqueles números antiquados que a gente às vezes vê no cemitério.

— Eles vêm dos antigos romanos. Vida dura a deles, coitados... Para começar, é difícil decifrar seus números. Mas este aqui você sabe ler, não sabe?

$$I$$

— 1 — respondeu Robert.

— E este:

$$X$$

— O x é o 10.

— Pois então, meu caro. Você nasceu em:

$$MCMLXXXVI$$

— Meu Deus, mas que complicação... — Robert suspirou.

33

— Viu só? E sabe por quê? Porque os romanos não tinham o 0.

— Eu não entendo. E você me vem com essa história de 0... Ora, o 0 não é nada, e pronto.

— Certo. E é isso que o 0 tem de genial — disse o velho.

— E como é que o nada pode ser um número? O nada não conta para nada.

— Talvez conte. Só que não é tão fácil chegar ao 0. Mas vamos tentar assim mesmo. Você ainda se lembra como nós dividimos aquele chiclete grandão entre bilhões de pessoas, para não falar nos ratos? As porções foram ficando cada vez menores, tão pequenas que não se podia mais vê-las, nem mesmo num microscópio. E nós poderíamos ter continuado com a divisão. Mas o fato é que o nada, o 0, nós jamais teríamos alcançado. Chegaríamos quase lá, mas só quase.

— E daí? — perguntou Robert.

— Daí que precisamos começar de outro modo. Vamos tentar com o menos, talvez. Com o menos é mais fácil.

O velho estendeu sua bengala e tocou de leve num dos uns gigantescos. Este logo começou a encolher, até se postar confortável e manejável ao lado de Robert.

— Muito bem, agora vamos às contas.

— Eu não sei fazer contas — afirmou Robert.

— Besteira.

$$1 - 1 =$$

— 1 menos 1, 0 — disse Robert. — É óbvio.

— Viu? Sem o 0 não dá.

— Mas para que escrever o 0? Se o resultado é nada, então não há nada para escrever. Para que um número para alguma coisa que nem existe?

— Então faça esta conta:

$$1 - 2 =$$

— 1 menos 2, –1.

— Certo. Só que, sem o 0, sua sequência de números fica assim:

$$\ldots\ 4, 3, 2, 1, -1, -2, -3, -4 \ldots$$

A diferença entre 4 e 3 é 1, entre 3 e 2 é 1 de novo, entre 2 e 1 é 1 também, e entre 1 e –1?

— 2 — assegurou Robert.

— Então você deve ter deixado algum número de fora entre 1 e –l.

— O maldito do 0! — exclamou Robert.

— Eu não disse a você que sem ele não dava? Os pobres romanos também acharam que não precisavam do 0. Por isso não podiam simplesmente escrever 1986, mas tinham que se atormentar com seus M, C, L, X e V.

— Mas o que isso tem a ver com os nossos chicletes e com o menos? — perguntou Robert nervoso.

— Esqueça o chiclete. Esqueça o menos. O verdadeiro truque com o 0 é outro, bem diferente. Para ele, é preciso ter cabeça, meu caro. Você ainda consegue ou está cansado?

— Não — disse Robert. — Estou contente por não estar mais escorregando. Sentar neste cogumelo aqui é bem mais confortável.

— Ótimo. Então eu queria passar mais uma tarefinha para você.

"Por que esse sujeito ficou assim tão gentil comigo de repente?", Robert pensou. "O que ele quer é me pegar."

— Vamos lá — disse Robert.

E o diabo dos números perguntou:

$$9 + 1 =$$

— Se é só isso, 10! — respondeu Robert, rápido como uma bala.

— E como é que se escreve?

— Eu estou sem caneta.

— Não tem importância. Escreva no céu. Aqui está minha bengala.

$$9 + 1 = 10$$

escreveu Robert no céu com uma escrita lilás sobre as nuvens.

— Como assim? — perguntou o diabo dos números. — 1 e 0? 1 mais 0 não dá 10.

— Bobagem — retrucou Robert. — Ali não está escrito 1 *mais* 0, mas um 1 e um 0, e isso quer dizer 10.

— E posso perguntar por que isso quer dizer 10?

— Ora, porque é assim que se escreve 10.

— E por que se escreve assim? Você pode me dizer?

— Por quê, por quê, por quê... Você está me deixando nervoso — queixou-se Robert.

— Você não quer saber? — perguntou o diabo dos números, recostando-se confortavelmente em seu cogumelo.

Seguiu-se um longo silêncio, até que Robert não aguentou mais:

— Fale logo de uma vez! — ordenou.

— Muito simples. A razão são os saltos.

— Saltos? — perguntou Robert com desdém.

— Mas que jeito de falar é esse? Desde quando os números saltam?

— Digo "saltar" porque é assim que *eu* chamo. Não esqueça de quem é a última palavra aqui. Não é à toa que eu sou o diabo dos números, guarde bem isso.

— Está bem, está bem — Robert acalmou-o.

— Então me diga o que você quer dizer com "saltar".

— Com prazer. O melhor é começarmos de novo pelo 1. Ou, mais exatamente, pela tabuada do 1.

$$1 \times 1 = 1$$
$$1 \times 1 \times 1 = 1$$
$$1 \times 1 \times 1 \times 1 = 1$$

E aí você pode continuar até onde quiser: o resultado será sempre 1.

— Lógico. E o que mais poderia ser?

— É, mas agora faça você a mesma coisa com o 2.

— Está bem — concordou Robert.

$$2 \times 2 = 4$$
$$2 \times 2 \times 2 = 8$$
$$2 \times 2 \times 2 \times 2 = 16$$
$$2 \times 2 \times 2 \times 2 \times 2 = 32$$

. . .

Caramba, mas aí os números vão aumentando depressa! Se eu continuar um pouco mais, logo vou precisar da calculadora.

— Não precisa, não. Os números vão aumentar ainda mais rápido se você pegar o 5:

$$5 \times 5 = 25$$
$$5 \times 5 \times 5 = 125$$
$$5 \times 5 \times 5 \times 5 = 625$$
$$5 \times 5 \times 5 \times 5 \times 5 = 3125$$
$$5 \times 5 \times 5 \times 5 \times 5 \times 5 = 15625$$

— Chega! — gritou Robert.

— Por que você fica logo agitado quando aparece um número grande? A maioria dos números grandes é totalmente inofensiva.

— Não tenho tanta certeza assim — disse Robert. — Além disso, acho uma chateação ficar multiplicando sempre o mesmo 5 por ele mesmo.

— Com certeza. E é por isso que eu, como diabo dos números, não fico escrevendo sempre o mesmo. Seria um tédio para mim. Então escrevo:

$$5^1 = 5$$
$$5^2 = 25$$
$$5^3 = 125$$

e assim por diante. 5 elevado à primeira, cinco à segunda, cinco à terceira. Em outras palavras, faço o 5 saltar. Entendeu? E se você quiser fazer o mesmo com o 10, é ainda mais fácil. Vai que é uma beleza, sem precisar de calculadora. Se você fizer o 10 saltar uma vez, ele fica do mesmo jeito:

$$10^1 = 10$$

Se o fizer saltar 2 vezes:

$$10^2 = 100$$

Se o fizer saltar 3 vezes:

$$10^3 = 1000$$

— E se eu fizer o 10 saltar 5 vezes — exclamou Robert —, o resultado será 100 000! Mais uma vez, e terei 1 000 000!

— Até o dia de São Nunca — disse o diabo dos números. — Muito fácil, não é? E isso é que é bonito no 0. Você logo sabe quanto vale um algarismo qualquer de acordo com sua posição: quanto mais perto do começo, maior será o seu valor; quanto mais para o fim, menor. Quando a gente escreve 555, o último 5 vale exatamente 5, e nada mais; o penúltimo vale 10 vezes mais, isto é, 50; e o 5 bem na frente vale 100 vezes mais do que o último, ou seja, 500. E por quê? Porque ele saltou para a frente. Os cincos dos antigos romanos, ao contrário, eram e permaneciam sempre e somente cincos, porque os romanos não sabiam saltar. E não sabiam saltar porque não tinham o 0. Por isso precisavam escrever números tão tortos quanto MCMLXXXVI. Fique feliz, Robert! As coisas estão bem melhores para você. Com a ajuda do 0 e alguns saltos, você mesmo pode fabricar os números comuns que quiser, tanto faz se grandes ou pequenos. Por exemplo, 786.

— Eu não preciso de nenhum 786.

— Deus do céu... Não se faça de mais bobo do que você já é! Então pegue o ano do seu nascimento: 1986.

E o velho começou de novo a inchar ameaçadoramente, assim como o cogumelo onde estava sentado.

— Vai logo! — gritou. — Anda!

"Vai começar tudo de novo", pensou Robert. "Quando fica nervoso, esse sujeito é insuportável, pior do que o professor Bockel." Cauteloso, Robert escreveu um grande 1 no céu.

— Errado! — berrou o diabo dos números. — Erradíssimo! Por que é que eu fui topar logo com um pateta como você? É para você fabricar o número, seu idiota completo, e não simplesmente escrevê-lo.

Robert preferiria acordar de imediato. "Será que eu tenho que aguentar isso?", pensou, vendo a cabeça do diabo dos números tornar-se cada vez mais vermelha e gorda.

— De trás para a frente — ordenou o velho. Robert olhou para ele sem compreender.

— Você tem que começar do fim, e não do começo.

— Se você acha...

Robert não queria brigar com ele. Apagou o 1 e escreveu um 6.

— Certo. Parece que agora caiu a ficha, hein? Podemos ir em frente então.

— Por mim... — disse Robert emburrado. — Com toda a sinceridade, eu preferiria que você não tivesse um acesso de raiva a cada detalhezinho.

— Sinto muito — respondeu o velho. — Mas não tenho culpa. Afinal, um diabo dos números não é nenhum Papai Noel.

— Está satisfeito com o meu 6?

O velho assentiu com a cabeça, e escreveu embaixo:

$$6 \times 1 = 6$$

— Não muda nada — disse Robert.

— Você vai ver. Agora é a vez do 8. Mas não esqueça do salto!

Robert entendera de repente o que o velho queria dizer, e escreveu:

$$8 \times 10 = 80$$

— Agora já sei como é! — exclamou, antes que o diabo dos números pudesse dizer alguma coisa. — No 9, são 2 saltos. — E escreveu:

$$9 \times 100 = 900$$

E:

$$1 \times 1000 = 1000$$

Ou seja, saltando 3 vezes.
— Isso tudo dá:

$$6 + 80 + 900 + 1000 = 1986$$

Ora, não é tão difícil assim. Para isso, eu nem preciso de um diabo dos números.

— Verdade? Acho que você está ficando um pouco convencido, meu caro. Até agora, você só mexeu com os números mais comuns. Mais fácil do que fazer xixi! Espere só até eu tirar os números do fundo da cartola. Destes, há uma quantidade bem maior. E, depois, tem ainda os números inventados, para não falar nos números insensatos, que são mais do que infinitos, você não faz ideia! Números que giram em círculos sem parar, e números que não acabam nunca!

Enquanto o diabo dos números falava, seu sorrisinho foi se abrindo cada vez mais. Agora, dava para ver até os dentes em sua boca, uma infinidade de dentes. E, por fim, o velho ainda começou de novo a girar sua bengala diante do nariz de Robert...

Enquanto o diabo dos números falava, seu sorrisinho foi se abrindo cada vez mais. Agora, dava para ver até os dentes em sua boca, uma infinidade de dentes.

— Socorro! — gritou Robert, acordando. Ainda bastante confuso, disse para sua mãe: — Você sabe em que ano eu nasci? 6 x 1, 8 x 10, 9 x 100 e 1 x 1000.

— Não sei o que anda acontecendo com este menino ultimamente — disse ela, balançando a cabeça e estendendo-lhe uma xícara de chocolate. — Isto é para você recuperar suas forças! Você só diz coisas confusas.

Robert bebeu o chocolate e calou a boca. "Não se pode explicar tudo para a mãe da gente", pensou.

A terceira noite

Robert não se importava de ser atormentado às vezes pelo diabo dos números em seus sonhos. Pelo contrário! É verdade que o velho era sempre e em tudo o sabichão, e seus acessos de fúria não eram lá muito atraentes. Nunca se sabia quando ele iria começar a inchar e gritar com a gente, todo vermelho. Mas isso tudo ainda era melhor, bem melhor, do que ser engolido por um peixe escorregadio ou despencar cada vez mais fundo por um buraco negro.

Além disso, Robert pretendia provar ao diabo dos números, quando este reaparecesse, que ele também não era nenhum idiota. Alguém precisava dar uma lição naquele sujeitinho, pensava Robert antes de adormecer. Ficava se gabando daquele seu 0, quando ele próprio não era muito mais do que um 0. Um mero fantasma num sonho! Era só acordar, e pronto: ele desaparecia.

Mas, para lhe dar uma lição, Robert tinha primeiro que sonhar com o diabo dos números e, para sonhar com ele, precisava antes de mais nada adormecer. Robert notou então que aquilo não era tão fácil. Acordado, ele rolava na cama. Isso nunca lhe acontecera antes.

— Por que você não para de rolar de um lado para o outro? — perguntou o diabo dos números.

Robert viu, então, que sua cama estava dentro de uma caverna.

Diante dele, o velho, sentado, abanava sua bengala.

— Hora de levantar, Robert! — disse ele. — Hoje nós vamos dividir!

— Mas eu mereço isso? — perguntou Robert. — Você poderia ao menos ter esperado até que eu adormecesse. E, além do mais, eu não suporto divisão.

— Não? E por quê?

— Porque, veja, quando se trata de mais, menos ou vezes, toda conta dá certo. Só na hora de dividir é que não dá. Aí vive sobrando um resto, e eu acho isso uma chateação.

— A pergunta então é quando.

— Quando o quê? — perguntou Robert.

— Quando sobra resto e quando não sobra — explicou o diabo dos números. — Aí é que está o xis da questão. No caso de muitos números, vê-se logo pelo jeitão deles que é possível dividi-los sem que sobre um resto.

— Claro — concordou Robert. — Com os números pares, a conta dá sempre certo, se a gente os divide por 2. Sem problemas! E é fácil também dividir os números da tabuada do 3:

$$9 : 3$$
$$15 : 3$$

e assim por diante. É igual à multiplicação, só que ao contrário:

$$3 \times 5 = 15$$

E, portanto:

$$15 : 3 = 5$$

Para isso, não preciso de nenhum diabo dos números: posso fazer sozinho.

Melhor seria que Robert não tivesse dito aquilo. O velho tirou-o da cama com um puxão. Seu bigode tremia, o nariz começou a ficar vermelho e a cabeça parecia estar inchando.

— Você não sabe o que está dizendo! — gritou. — Só porque aprendeu de cor a tabuada, pensa que sabe das coisas? Você não sabe porcaria nenhuma!

"Vai começar de novo", pensou Robert. "Primeiro me tirou da cama, e agora se irrita porque não estou com vontade de dividir alguns números."

— Por pura bondade, venho até este princi-

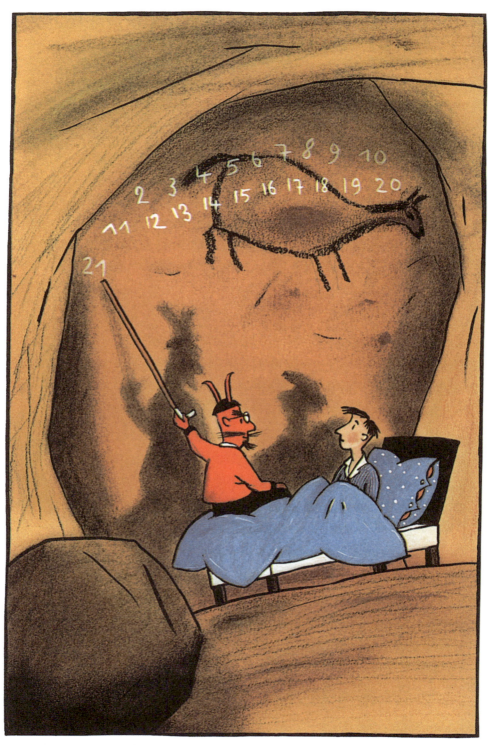

Na verdade, ele teria preferido dar no pé. Mas como é que se foge de um sonho? Robert olhou em torno na caverna, porém não conseguiu encontrar a saída.

piante, para ensinar-lhe alguma coisa, mas basta eu abrir a boca, ele já começa com má-criação.

— Você chama isso de "bondade"? — perguntou Robert.

Na verdade, ele teria preferido dar no pé. Mas como é que se foge de um sonho? Robert olhou em torno na caverna, porém não conseguiu encontrar a saída.

— Aonde você está querendo ir?

— Embora.

— Se você for embora agora — ameaçou o diabo dos números —, nunca mais vai me ver! Por mim, pode se chatear até morrer com o seu professor Bockel, e comer rosquinha até passar mal.

Robert pensou consigo: "Melhor ceder".

— Desculpe. Eu não quis dizer isso.

— Então está bem.

Tão rápido quanto aparecera, a fúria do velho já se fora de novo.

— 19 — murmurou ele. — Tente com o 19. Veja se você consegue dividi-lo em partes iguais, sem que sobre resto.

Robert se pôs a pensar.

— Só tem um jeito — disse afinal. — Dividir o 19 em 19 partes iguais.

— Não, isso não vale — respondeu o diabo dos números.

— Ou então dividi-lo por 0.

— Não, isso é impossível.

— E por que é impossível?

— Porque é proibido. Dividir um número por 0 é rigorosamente proibido.

— E se eu o fizer assim mesmo?

— Você explodiria toda a matemática!

E o diabo dos números já ia ficando nervoso outra vez. Mas, por sorte, controlou-se e disse:

— Pense bem. Que resultado você obteria dividindo o 19 por 0?

— Sei lá. Talvez 100, talvez 0, ou qualquer outro número entre um e outro.

— Antes você disse que era só fazer ao contrário com a tabuada do 3. Se:

$$3 \times 5 = 15$$

então:

$$15 : 3 = 5$$

Pois agora tente fazer o mesmo com o 19 e o 0!

E Robert fez a conta:

— 19 dividido por 0 é, vamos dizer, 190.

— E ao contrário?

— 190 vezes 0... 190 vezes 0... É 0.

— Está vendo? E qualquer número que você pegar, o resultado será sempre 0, nunca 19. Portanto, qual a conclusão? Que você não pode dividir nenhum número por 0, porque essa conta só dá besteira.

— Está certo — disse Robert —, então vou deixar isso para lá. Mas, afinal, o que é que eu faço com o 19? Qualquer número que eu pegue, o 2, o 3, o 4, o 5, o 6, o 7, o 8, sempre vai sobrar um resto na divisão.

— Venha cá — disse o velho a Robert —, vou contar um segredo para você.

E Robert se inclinou na direção dele, chegando tão perto que o bigode do velho fazia cócegas na sua orelha. O diabo dos números sussurrou-lhe então o segredo:

— O que você precisa saber é que existem esses números comuns pra cachorro que podem ser divididos, mas existem outros também, e com esses outros a coisa não dá certo. Sabe por quê? Porque esses outros são primos. Com eles, os matemáticos vêm quebrando a cabeça há mais de mil anos. São números maravilhosos. O 11, por exemplo, ou o 13 e o 17.

Robert se admirou, pois de repente o diabo

dos números parecia encantado, como se estivesse saboreando algum petisco delicioso.

— E agora, por favor, me diga, meu caro Robert, quais são os primeiros números primos.

— O zero — respondeu Robert, só para irritá-lo.

— O zero é proibido! — gritou o velho, já brandindo outra vez sua bengala.

— Bom, então, o 1.

— O 1 não conta. Quantas vezes eu ainda vou ter que dizer isso?

— Está bem — disse Robert. — Não fique nervoso. Então o 2. E o 3 também, ou pelo menos eu acho que sim. O 4 não é, isso nós já vimos. O 5, com certeza: o 5 não se pode dividir. Bom, e assim por diante.

— Ah, sei, e o que significa "e assim por diante"?

O velho se acalmara de novo. Estava até esfregando as mãos uma na outra. Era um sinal seguro de que preparava um novo truque, muito especial.

— Isso é que é bonito nos números primos

— disse. — Ninguém sabe de antemão qual o próximo. A não ser eu, é claro, mas não conto para ninguém.

— Nem para mim?

— Para ninguém! Nunca! O engraçado é justamente que não dá para ver pelo número se ele é primo ou não é. Ninguém sabe de antemão. Tem-se primeiro que testá-lo.

— E como?

— Isso é o que nós vamos ver já, já.

E o diabo dos números começou a rabiscar com a bengala na parede da caverna, escrevendo ali todos os números de 2 a 50. Quando terminou, via-se algo assim:

	2	3	4	5	6	7	8	9	10
11	12	13	14	15	16	17	18	19	20
21	22	23	24	25	26	27	28	29	30
31	32	33	34	35	36	37	38	39	40
41	42	43	44	45	46	47	48	49	50

— Muito bem, meu caro. Agora, pegue minha bengala. Quando você descobrir que um número não é primo, é só tocá-lo com a ponta da bengala e ele desaparecerá.

— Mas está faltando o 1 — reclamou Robert.
— E o 0 também.

— Quantas vezes vou precisar dizer para você que o 1 e o 0 não são números iguais aos outros? Eles não são primos *nem* não primos. Você já não se lembra mais do que sonhou bem no comecinho? Que todos os outros números saíram do 1 e do 0?

— Como você quiser — disse Robert. — Então vou começar apagando os números pares, porque dividi-los por 2 é uma moleza.

— À exceção do 2 — avisou o velho. — Ele é primo, não esqueça disso.

Robert pegou a bengala e começou. Rapidinho, os números na parede ficaram assim:

	2	3		5		7		9
11		13		15		17		19
21		23		25		27		29
31		33		35		37		39
41		43		45		47		49

— Agora vou pegar o 3. O 3 é primo. Mas tudo o que vem depois na tabuada do 3 não é primo, porque é divisível por 3: 6, 9, 12 e assim por diante.

Robert apagou os números que podiam ser divididos por 3, e então sobraram:

	2	3		5		7		
11		13				17		19
		23		25				29
31				35		37		
41		43				47		49

— Agora vamos ao 4. Não, espere aí; não precisamos nos preocupar com os números divisíveis por 4, porque eles já foram apagados: o 4 não é primo, mas simplesmente 2 x 2. O 5 sim, ele é primo. O 10 não, é claro, e também já se foi, porque 10 é 2 x 5.

— E todos os outros que terminam em 5 você pode apagar também — disse o velho.

— Lógico:

	2	3		5		7		
11		13				17		19
		23						29
31						37		
41		43				47		49

Agora Robert tinha tomado gosto pela coisa.

— O 6 a gente pode esquecer — prosseguiu.
— 6 é 2 x 3. Mas o 7 é primo.

— É isso aí! — exclamou o diabo dos números.

— O 11 também.

— E quais sobram então?

> *Sim, meu caro leitor e minha cara leitora: isso vocês vão ter que descobrir por si sós. Peguem um belo pincel atômico e vão em frente, até que só restem números primos. Cá entre nós: são exatamente quinze, nem um a mais, nem um a menos.*

— Muito bem, Robert!

O diabo dos números acendeu um cachimbinho e se pôs a dar aquele sorrisinho dele.

— Do que você está rindo? — perguntou Robert.

— É, até 50 ainda vai bem — disse o diabo dos números. Ele havia sentado confortavelmente no chão, cruzado as pernas e sorria maldoso.

— Mas pense só num número como:

$$10\ 000\ 019$$

ou:

$$141\ 421\ 356\ 237\ 309$$

Será que eles são primos ou não? Se você soubesse quantos matemáticos bons já quebraram a cabeça tentando responder a essa pergunta... Aí até os maiores diabos dos números começam a morder pedra!

— Mas antes você disse que sabia quais eram os números primos, só não queria me contar.

— Bom, então acho que falei demais.

— Que bom que você admite isso de vez em quando — disse Robert. — Às vezes você fala não como se fosse um diabo, mas um papa dos números.

— As pessoas de inteligência mais modesta tentam resolver o problema com computadores enormes, em que ficam fazendo contas durante meses, até sair fumaça. O que você precisa saber é que o truque que eu lhe mostrei (aquele de apagar as fileiras de números divisíveis por 2, por 3 e, depois, por 5, e assim por diante) é bem velho. Não é ruim, mas, quando se trata de números grandes, demoraria uma eternidade. Depois dele, inventaram-se todos os tipos de métodos mais refinados, mas, por mais geniais que sejam, a gente está sempre em apuros quando se trata de números primos. Isso é que é diabólico neles, e o diabólico é divertido, não acha?

Enquanto falava, o diabo dos números abanava contente a sua bengala.

— Sim, mas para que, afinal, quebrar tanto a cabeça? — perguntou Robert.

— Que pergunta mais boba! Pois o empolgante é justamente o fato de, no reino dos números, as coisas não serem tão bolorentas quanto na aula do seu professor Bockel. O das rosquinhas! Você deveria ficar feliz por eu estar lhe contando esses segredos. Por exemplo: pegue qualquer número maior do que 1, não importa qual, e dobre o número que você escolher.

— 222 — disse Robert. — E 444.

— Entre cada número e o seu dobro sempre, eu disse SEMPRE, vai haver pelo menos um número primo.

— Tem certeza?

— 307 — disse o velho. — E isso funciona também com números gigantescos.

— Como é que você sabe?

— Ah, isso não é nada: vou lhe contar coisa muito melhor — prosseguiu o velho, refestelando-se. Nada mais poderia detê-lo.

— Pegue um número par qualquer, tanto faz qual seja ele. Só precisa ser maior do que 2. E eu vou lhe mostrar que ele é a soma de dois números primos.

— 48 — escolheu Robert.

— 31 mais 17 — emendou o velho, sem precisar pensar muito.

— 34 — gritou Robert.

— 29 mais 5 — replicou o velho, sem nem tirar o cachimbo da boca.

— E isso sempre dá certo? — admirou-se Robert. — Mas como é que pode? Por que isso acontece?

— Pois é, eu também gostaria muito de saber — respondeu o velho, enrugando a testa e observando os anéis de fumaça que soprava no ar. — Quase todos os diabos dos números que conheço tentaram descobrir o motivo. Essa conta sempre dá certo, sem uma única exceção, mas ninguém sabe por quê. Ninguém jamais conseguiu provar que tem que ser assim.

"Essa é mesmo muito boa", pensou Robert, incapaz de conter o riso.

— Acho bárbaro! — disse.

Na verdade, estava mesmo gostando de ouvir o diabo dos números contar todas aquelas coisas. Como sempre acontecia quando não sabia mais o que dizer, o diabo dos números ficou com cara de tacho, mas agora voltava a fumar o seu cachimbo e a rir também.

— Você não é tão bobo quanto parece, meu caro Robert. É pena, mas agora preciso ir embora. Ainda vou visitar uns dois matemáticos esta noite. Eu me divirto atormentando um pouco os pobrezinhos.

E o diabo dos números já ia ficando cada vez mais magro. Não, não era bem isso: ele ia ficando transparente, e logo a caverna estava vazia. Apenas uma nuvenzinha de fumaça pairava ainda no ar. Os números rabiscados na parede puseram-se a flutuar diante dos olhos de Robert, e a caverna agora lhe parecia macia e quente como um cobertor. Robert tentava se lembrar o que os números primos tinham de tão maravilhoso, mas seus pensamentos foram se tornando cada vez mais esbranquiçados e nebulosos, como montanhas de algodão.

Raras eram as vezes em que dormia tão bem.

E você? Se você ainda não está morrendo de sono, vou lhe ensinar um último truque. Esse funciona não só com os números pares, mas com os ímpares também. Escolha um deles. Só precisa ser um número maior do que 5. Digamos, 55. Ou 27.

Também esse número você pode formar somando números primos, só que três, em vez de dois. Vamos pegar o 55, por exemplo:

$$55 = 5 + 19 + 31$$

Agora tente com o 27. Você vai ver que SEMPRE dá certo, ainda que eu não possa lhe dizer por quê.

A quarta noite

— Mas que tanto você fica me levando para tudo quanto é lugar? Uma hora aterrisso numa floresta só de uns, onde os cogumelos crescem até ficar grandes como poltronas; outra hora, acordo numa caverna sem saída. E hoje? Onde é que estou afinal?

— À beira-mar, como pode ver.

Robert olhou em torno.

Areia branca por toda parte, e, atrás de um bote de cabeça para baixo sobre o qual estava sentado o diabo dos números, as ondas rebentando. Uma região bastante deserta!

— E você esqueceu de novo a sua calculadora.

— Escute — disse Robert —, quantas vezes vou ter que lhe dizer? Não posso carregar todas as minhas tralhas comigo quando vou dormir. Você por acaso sabe com antecedência com que vai sonhar?

— É claro que não — respondeu o velho. — Mas quando você sonha comigo, bem que poderia sonhar também que está com a sua calculadora. Mas não! Eu é que preciso fazer uma aparecer. Sempre eu! E ainda por cima tenho que ficar ouvindo que ela é muito mole ou muito verde ou que parece uma papa.

— É melhor do que nada — disse Robert.

O diabo dos números ergueu sua bengalinha, e uma nova calculadora surgiu diante dos olhos de Robert. Não se parecia tanto com um sapo quanto a anterior, mas, em compensação, era gigantesca: um móvel estofado, revestido de uma espécie de lã e tão comprido quanto uma cama ou um sofá. De um dos lados via-se um pequeno painel com muitas teclas estofadas, e o mostrador em que se podiam ler os números cintilantes ocupava todo o encosto daquele aparelho peculiar.

— Bem, agora digite um 1 dividido por um 3 — ordenou o velho.

$$1:3$$

repetiu Robert, digitando as teclas. Na janelinha sem fim de tão longa apareceu o resultado em números verde-claros:

$$0,33333333333333333333$$

— Ei, mas isso não vai parar, não? — perguntou Robert.

— Vai — respondeu o diabo dos números. — Vai parar onde termina a calculadora.

— E aí?

— Aí continua. Só que você não pode ver.

— Sim, mas é sempre a mesma coisa: um 3 depois do outro. Isso está me cheirando a perigo!

— E você tem razão.

— Ah, nããão — murmurou Robert. — Isso é muito idiota! Prefiro então escrever simplesmente um terço. Assim:

$$\frac{1}{3}$$

E pronto. Fico sossegado.

— Está certo — disse o velho. — Mas aí você vai precisar fazer contas com frações, e suponho que contas assim você não suporte. "Se ⅓ de 33 padeiros fazem 89 rosquinhas em 2 ½ horas, quantas rosquinhas fazem 5 ¾ padeiros em 1 ½ hora?"

— Ah, não, pelo amor de Deus! Aí já é demais. Se é assim, prefiro a calculadora e os números depois da vírgula, mesmo que eles não acabem nunca. Eu só queria saber de onde vêm todos esses três.

— É o seguinte: o primeiro 3 depois da vírgula são três décimos. Depois vem o segundo, que são três centésimos; o terceiro, três milésimos, e assim por diante. E, no fim, você pode somá-los.

$$0,3$$
$$0,03$$
$$0,003$$
$$0,0003$$
$$0,00003$$
. . .

Entendeu? Sim? Então tente multiplicar todos eles por 3: o primeiro 3, ou seja, os três décimos; depois, os três centésimos, e assim por diante.

— Sem problema — respondeu Robert. — Isso eu posso fazer até de cabeça:

$$0,3 \times 3 = 0,9$$
$$0,03 \times 3 = 0,09$$
$$0,003 \times 3 = 0,009$$
$$0,0003 \times 3 = 0,0009$$

Bom, e por aí vai.

— Muito bem. E se agora você somar todos os números terminados em 9, o que acontece?

— Um minutinho! 0,9 mais 0,09 dá 0,99; mais 0,009 dá 0,999. Vão aparecer cada vez mais noves. E, de novo, está parecendo que essa coisa não tem fim.

— Óbvio. Mas, se você pensar bem, tem algo errado aí! $\frac{1}{3}$ somado 3 vezes deveria dar 1, ou não? Sim, porque $\frac{1}{3}$ vezes 3 dá um inteiro. Isso não se discute. E aí?

— Não faço ideia — respondeu Robert. — Está faltando alguma coisa. 0,999 é *quase* 1, mas não é 1.

— Justamente. E é por isso que você precisa continuar com os noves, sem nunca poder parar.

— Ah, mas essa é muito boa!

— Facílimo para um diabo dos números!

O velho se pôs a rir maldoso, ergueu sua bengala, começou a girá-la no ar e, num piscar de olhos, todo o céu se encheu de uma longuíssima corrente de noves, girando e girando cada vez mais alto.

— Chega! — gritou Robert. — Vou acabar passando mal!

— Basta um estalar de dedos e eles desaparecem. Mas só vou fazer isso quando você admitir que essa corrente de noves depois do 0, crescendo sem parar, é a mesma coisa que 1.

Enquanto o diabo dos números falava, a corrente seguia crescendo. Aos poucos, escureceu o céu. Contudo, embora Robert já estivesse sentindo tontura, ele não queria ceder.

— Nunca, nunquinha! — disse. — Não adianta você continuar espichando sua corrente de

O velho ergueu sua bengala, começou a girá-la no ar e, num piscar de olhos, todo o céu se encheu de uma longuíssima corrente de noves.

noves. Sempre vai ficar faltando alguma coisa: o último 9.

— Não existe esse último 9! — gritou o diabo dos números. Mas agora Robert já não estremecia quando o velho tinha um de seus pequenos acessos de raiva. Ele sabia que, sempre que isso acontecia, era por causa de algum ponto interessante, alguma pergunta que não era tão fácil responder.

No entanto, a infindável corrente saracoteava ameaçadora bem diante do nariz de Robert, enrolando-se também em torno do próprio diabo dos números, e de tal forma que já nem se podia ver muito dele.

— Está bem — disse Robert. — Eu admito. Mas só se você tirar essa corrente dos nossos pescoços.

— Melhor assim.

Com muito esforço, o velho ergueu sua bengala, já toda recoberta de noves, murmurou algo incompreensível, e pronto: o mundo estava livre outra vez daquele emaranhado.

— Ufa! — exclamou Robert. — Será que isso só acontece com os três e com os noves? Ou os outros números também formam essas correntes horríveis?

— Essas correntes intermináveis são mais comuns do que areia no mar, meu caro. Adivinhe só quantas existem somente entre 0,0 e 1,0!

Robert pensou bem e disse:

— Infinitas. Um número assustadoramente grande delas. Tantas quantas existem entre o 1 e o dia de São Nunca.

— Nada mau. Muito bem! — disse o diabo dos números. — Mas você pode provar o que está dizendo?

— Claro que posso.

— Agora você me deixou curioso.

— Eu simplesmente escrevo um 0 e uma vírgula — explicou Robert. — Depois da vírgula, escrevo um 1: 0,1. Em seguida, um 2. E assim por diante. E, se eu continuar desse jeito, vou colocar depois do 0 todos os números que existem e, aliás, antes mesmo de chegar ao 0,2.

— Todos os números inteiros.

— É claro. Todos os números inteiros. Na frente de cada número entre 1 e sei-lá-quanto pode-se colocar um 0 e uma vírgula, e todos eles serão menores do que 1.

— Fabuloso, Robert. Estou orgulhoso de você.

Era evidente que o diabo dos números estava muito satisfeito. Mas, como não podia evitar, lá veio ele com uma ideia nova.

— Desses seus números depois da vírgula, muitos se comportam de maneira singular. Quer que eu lhe mostre?

— Por favor! Contanto que não me encha a praia com aquelas correntes nojentas.

— Não se preocupe. Sua calculadora enorme

pode mostrar para você. Basta digitar um 7 dividido por 11.

Robert não esperou o diabo dos números falar duas vezes.

$$7 : 11 = 0{,}63636363636363636\cdots$$

— Mas o que é isto? — perguntou. — Sempre 63 e 63, e outro 63. E desconfio que não para mais.

— Com certeza. Mas isso ainda não é nada. Agora experimente dividir 6 por 7!

Robert digitou:

$$6 : 7 = 0{,}857142857142857\cdots$$

— Depois de um tempo, os mesmos números se repetem: 857142! — exclamou. — E aí começa tudo de novo. O número gira em círculos!

— Pois é, esses números são mesmo criaturas fantásticas. No fundo, não existem números comuns, sabe? Cada um deles tem seu próprio nariz, seus próprios segredos. A gente nunca descobre tudo o que está por trás deles. A corrente dos noves depois do 0 e da vírgula, por exemplo, que nunca termina e, no entanto, é como um simples 1. Além disso, há muitos outros ainda mais teimosos, comportando-se feito loucos atrás de sua vírgula. São os números insensatos. Têm esse nome porque não obedecem às regras do jogo. Se você ainda tem tempo e vontade, posso lhe mostrar o que eles fazem.

Tanta gentileza por parte do diabo dos números era sempre suspeita: significava que ele tinha alguma outra novidade guardada na manga. Isso Robert já havia aprendido. Mas estava curioso demais para desistir.

— Vamos lá, então — disse.

— Você lembra como os números saltam, não?

Do que fizemos com o 10 e com o 2? 10 vezes 10 vezes 10 é igual a 1000. Ou, para acelerar as coisas um pouquinho:

$$10^3 = 1000$$

E a mesma coisa com o 2.

— Sim, claro. Fazendo o 2 saltar vou obter:

$$2, 4, 8, 16, 32$$

e assim por diante, até o dia de São Nunca, como sempre acontece com os seus joguinhos.

— Então — disse o velho. — 2 e 4 saltos dá quanto?

— 16 — respondeu Robert. — É isso aí!

— Formidável! Agora, vamos fazer a mesma coisa, só que ao contrário. Vamos fazer o número saltar para trás, por assim dizer. Eu digo 16, e você o faz saltar uma vez para trás.

— 8!

— E se eu disser 8?

— 4 — disse Robert. — Isso é evidente.

— Então você só precisa saber agora como é que se chama esse truque. Não se diz "saltar para trás": diz-se "extrair a raiz". Do mesmo modo como você arranca uma raiz do chão. Ou seja, a raiz de 100 é 10, a raiz de 10000 é 100. E qual a raiz de 25?

— 25 — respondeu Robert — é 5 vezes 5. Então a raiz de 25 é 5.

— Se você continuar assim, um dia ainda vai ser meu aprendiz de feiticeiro! A raiz de 4?

— A raiz de 4 é 2.

— E a raiz de 5929?

— Você ficou louco? — gritou Robert. Agora era ele quem estava saindo do sério. — Como é que eu posso calcular uma coisa dessas? Afinal, você mesmo disse que fazer contas era coisa para os idiotas. A escola já nos atormenta bastante com elas, e eu ainda tenho que ficar sonhando com isso?

— Vamos com calma, Robert — disse o diabo dos números. — É para esses probleminhas que temos nossa calculadora.

— Calculadora? — retrucou Robert. — Este troço é tão grande quanto um sofá!

— Seja como for, ela tem uma tecla em que se lê:

Com certeza, você já sabe o que ela significa.
— Raiz — respondeu Robert.
— Perfeito. Agora, experimente:

$$\sqrt{5929} =$$

Robert digitou e, de imediato, apareceu a resposta no encosto do sofá:

$$77$$

— Maravilha! Mas agora é que vem! Por favor, digite aí $\sqrt{2}$, mas segure-se firme!
Robert digitou e leu:

$$1{,}4142135623730950488016887 24\ldots$$

— Que coisa mais horrível! — disse ele. Isto não faz sentido nenhum. Uma mera salada de números. Já não estou entendendo mais nada.
— E ninguém entende, meu caro Robert. Aí está o ponto. A raiz de 2 é um número insensato.
— E como saber o que vem depois dos três

últimos algarismos? Sim, pois que vem coisa depois, isso eu já posso imaginar.

— E você está certo. Mas aí, infelizmente, eu não posso mais ajudar. Os algarismos seguintes você só vai descobrir se matando de fazer contas, até a sua calculadora entrar em greve.

— Loucura — disse Robert. — Loucura total. E o gozado é que esse monstro parece tão simples quando a gente o escreve de outro jeito:

$$\sqrt{2}$$

— E é simples. Com uma bengala, você pode desenhá-lo na areia com muita facilidade.

E o diabo dos números rabiscou algumas figuras na areia com sua bengala.

— Veja só:

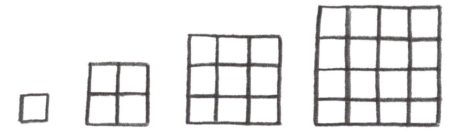

Agora, conte as caixinhas. Você nota alguma coisa?

— Claro que sim. São números saltando.

— Isso mesmo — disse o diabo dos núme-

$$1 \times 1 = 1^2 = 1$$
$$2 \times 2 = 2^2 = 4$$
$$3 \times 3 = 3^2 = 9$$
$$4 \times 4 = 4^2 = 16$$

ros —, e com certeza você está vendo também como é que funciona. Basta contar quantas caixinhas formam o lado de cada quadrado, e você terão número que saltou. Ou ao contrário. Se você sabe quantas caixinhas tem o quadrado todo, vamos dizer 32, por exemplo, e extrair a raiz desse número, aí você chegará de novo ao número de caixinhas que formam o lado do quadrado:

$$\sqrt{1} = 1, \ \sqrt{4} = 2, \ \sqrt{9} = 3, \ \sqrt{16} = 4$$

— Tudo bem — disse Robert —, mas o que é que isso tem a ver com os números insensatos?

— Hum. São os quadrados, sabe? Tem alguma coisa neles. Jamais confie num quadrado! Eles parecem bonzinhos, mas podem ser bem traiçoeiros também. Dá só uma olhada neste aqui.

E o diabo dos números rabiscou um quadrado vazio e comum na areia. Depois, tirou uma régua vermelha do bolso e atravessou-a sobre o quadrado:

— Agora, se cada lado tem um comprimento igual a 1...

— Como assim, "1"? 1 centímetro, 1 metro ou o quê?

— Ora, tanto faz — respondeu impaciente o diabo dos números. — Pode escolher você mesmo. Chame de 1 quing, 1 quang, do que você quiser. Mas eu lhe pergunto: qual o comprimento da régua vermelha dentro do quadrado?

— Como é que eu vou saber?

— Extraia a raiz de 2! — gritou o velho, triunfante e com um sorriso diabólico.

— Como se faz isso? — Robert sentia-se mais uma vez surpreendido.

— Não precisa ficar bravo — disse-lhe o diabo dos números. — Nós vamos ver já, já! Vamos simplesmente acrescentar um outro quadrado, assim, atravessado sobre o anterior.

E o diabo dos números puxou outras cinco réguas vermelhas, pondo-as na areia. A figura então ficou assim:

— Agora adivinhe qual o tamanho do quadrado vermelho, o que está atravessado.

— Não faço ideia.

— Ele é exatamente o dobro do preto. Basta você empurrar a metade de baixo do quadrado preto para dentro de um dos quatro cantos do vermelho, e você verá por quê:

"Parece um jogo que a gente sempre jogava quando era criança", pensou Robert. "Dobrávamos um papel pintado de preto e vermelho por dentro. Céu e Inferno é o nome do jogo. Quem abrir o papel e pegar o vermelho vai para o inferno."

— Você então concorda que o quadrado vermelho é o dobro do preto?

— Concordo — respondeu Robert.

— Ótimo. Se o tamanho do preto é uma vez 1 quang, e isso nós já combinamos, então podemos escrever assim: 1^2. Qual será então o tamanho do vermelho?

— 2 — respondeu Robert.

— Então! E qual o comprimento de cada um dos lados do quadrado vermelho? É só saltar para trás! Extrair a raiz!

— Eu sei, eu sei — disse Robert. Estava claro como água. — Raiz de dois!

— E aqui estamos nós de volta àquele nosso número doido, completamente insensato: 1,414213...

— Não, por favor, não precisa dizer o resto do número — interrompeu Robert depressa —, senão quem vai ficar doido sou eu.

— Também não é assim — tranqulizou-o o velho. — Você não precisa calcular o número. Basta desenhá-lo na areia, já está bom. Só não pense, por favor, que esses números insensatos são raros de se ver. Ao contrário. Eles são como areia no mar. E cá entre nós: aparecem até com mais frequência do que os outros.

— Mas eu pensei que os comuns já fossem uma infinidade. Você mesmo disse isso. Aliás, você vive dizendo isso!

— E é verdade. Palavra de honra! Só que, como eu disse, a quantidade dos insensatos é muito, muito maior.

— Maior do que o quê? Maior do que uma infinidade?

— Exatamente.

— Agora você foi longe demais — disse Robert, muito decidido. — Essa eu não vou engolir. Maior do que uma infinidade é coisa que não existe. Isso é conversa fiada.

— Você quer que eu prove? — perguntou o diabo dos números. — Quer que eu os faça aparecer aqui, todos os números insensatos de uma vez só?

— Ah, isso não! Aquela corrente de noves já foi o suficiente para mim. E, além disso, fazê-los aparecer num passe de mágica não significa provar coisa alguma.

— Diabo! Isso é verdade. Agora você me pegou.

Dessa vez, o diabo dos números não parecia ter ficado enfurecido. Franziu a testa e refletia, muito concentrado.

— Contudo — falou afinal —, talvez eu possa provar o que disse. Eu poderia tentar. Mas só se você fizer questão.

— Não, obrigado. Já vi o bastante por hoje. Estou mais do que cansado. E preciso dormir direito, senão vou ter problemas na escola amanhã de novo. Acho que vou me esparramar ali um pouquinho, se você não se importa. Este móvel parece bem confortável.

E Robert se deitou na calculadora estofada,

"Já vi o bastante por hoje. Estou mais do que cansado." E Robert se deitou na calculadora estofada, como que revestida por uma espécie de lã e grande como um sofá.

como que revestida por uma espécie de lã e grande como um sofá.

— Por mim... — respondeu o velho. — Você já está dormindo mesmo. E é dormindo que melhor se aprende.

Dessa vez o diabo dos números se afastou na ponta dos pés, porque não queria acordar Robert. "Talvez ele não seja tão mau assim", Robert ainda teve tempo de pensar. "No fundo, até que ele é bem legal."

E Robert dormiu tranquilo e até tarde, sem sonhar. Tinha esquecido que era sábado, e sábado não tem aula.

A quinta noite

De repente, acabara. Em vão, Robert ficava esperando seu visitante do reino dos números. Como sempre, ia para a cama à noite e, na maioria das vezes, sonhava também, mas não com calculadoras grandes feito sofás ou com números saltando, e sim com buracos negros e fundos: tropeçava e caía neles. Ou com porões cheios de malas velhas, das quais saíam formigas gigantes. A porta estava trancada, ele não podia fugir, e as formigas subiam por suas pernas. Numa outra vez, queria atravessar um rio caudaloso, mas, como não havia uma ponte, precisou pular de pedra em pedra. Esperançoso de alcançar a outra margem, lá se via ele de repente sobre uma pedra ainda no meio do rio, sem poder ir para a frente ou para trás. Só tinha pesadelos, e nada do diabo dos números.

"Sempre posso escolher no que quero pensar", meditava. "Só nos sonhos é que a gente tem que se sujeitar a tudo. Por quê, afinal?"

— Sabe de uma coisa? — Robert disse a sua mãe uma noite. — Tomei uma decisão: de hoje em diante não vou mais sonhar.

— Isso é bom, meu filho — respondeu ela. — Sempre que você dorme mal, não consegue prestar atenção nas aulas no dia seguinte, e aí traz notas ruins para casa.

Claro que não era aquilo que incomodava Robert nos sonhos. Mas disse apenas boa-noite a sua mãe, pois sabia que não se pode explicar tudo para a mãe da gente.

E, no entanto, mal adormecera, começou tudo de novo. Ele caminhava por um vasto deserto, onde não havia sombra ou água. Vestia apenas um calção; andou, andou, sentia sede, estava suando e já tinha bolhas nos pés — foi então que, ao longe, avistou um par de árvores.

"Deve ser uma miragem", pensou, "ou um oásis."

E seguiu em frente, manquitolando, até alcançar a primeira palmeira. Então ouviu uma voz que lhe pareceu familiar.

— Oi, Robert!

Olhou para cima e... Isso mesmo! Sentado no meio da palmeira, lá estava o diabo dos números, balançando-se nas folhas.

— Estou com uma sede terrível — gritou Robert.

— Venha aqui em cima — disse o velho.

Gastando suas últimas forças, Robert subiu até onde estava o amigo. O diabo dos números

E seguiu em *frente*, manquitolando, até alcançar a primeira palmeira. Então ouviu uma voz: "Oi, Robert!". Sentado no meio da palmeira, lá estava o diabo dos números, balançando-se nas folhas.

tinha um coco nas mãos e, puxando seu canivete, fez um furo na casca.

A água do coco tinha um gosto delicioso.

— Há quanto tempo! — disse Robert. — Por onde você andou esse tempo todo?

— Ora, como você pode ver, estou em férias.

— E o que a gente vai fazer hoje?

— Acho que você já está esgotado depois dessa peregrinação pelo deserto.

— Não, nem tanto — respondeu Robert. — Já estou me sentindo melhor. O que é que há? Você não tem mais nada para me dizer?

— Eu sempre tenho o que dizer — retrucou o velho.

— Números, sempre números e mais nada...

— E o que mais? Não existe nada mais excitante. Tome. Pegue!

O diabo dos números pôs o coco vazio na mão de Robert.

— Agora jogue o coco lá para baixo!

— Para onde?

— Simplesmente para baixo.

E Robert jogou o coco na areia. Lá de cima, parecia um pontinho no chão.

— Jogue outro. E depois mais um. E mais um! — ordenou o diabo dos números.

— E para que isso?

— Você já vai ver.

Robert apanhou três cocos frescos e os jogou no chão. Na areia, eis o que ele via:

— Jogue mais! — exclamou o diabo dos números.
E Robert continuou jogando cocos para baixo.
— E agora, o que você está vendo?
— Triângulos, nada mais — respondeu Robert.

— Quer uma ajuda? — perguntou o diabo dos números.
Puseram-se os dois, então, a apanhar e jogar os cocos, até que o chão ficou cheio de triângulos. Assim:

— É engraçado que os cocos caiam assim, tão em ordem — admirou-se Robert. — Eu nem sequer mirei. E mesmo que quisesse, não seria capaz de atirar cocos tão bem.

— Pois é — disse o velho sorrindo —, mirar com tanta precisão só se pode mesmo nos sonhos. E na matemática. Na vida normal, nada dá certo, mas na matemática tudo dá certinho. Aliás, teria dado certo mesmo sem os cocos. Poderíamos também atirar bolas de tênis ou botões ou brigadeiros com a mesma precisão. Mas agora conte quantos cocos têm os triângulos lá embaixo.

— O primeiro nem é um triângulo. É um ponto.

— Ou um triângulo que foi encolhendo mais e mais, até ficar tão minúsculo que tudo o que se consegue ver dele é um ponto. Portanto?

— Portanto estamos de volta ao 1 outra vez — respondeu Robert. — O segundo triângulo tem 3 cocos, o terceiro 6, o quarto 10 e o quinto... Não sei. Eu preciso contar primeiro.

— Não precisa não. Você pode deduzir.

— Não dá — disse Robert.

— Dá sim — afirmou o diabo dos números. — Olhe, o primeiro triângulo, que nem triângulo de verdade é, tem 1 coco. O segundo tem 2 cocos a mais, os dois de baixo. Portanto:

$$1 + 2 = 3$$

O terceiro tem exatamente mais 3, a fileira de baixo. Ou seja:

$$3 + 3 = 6$$

O quarto tem mais uma fileira de 4 cocos. Isto é:

$$6 + 4 = 10$$

Bom, quantos cocos tem então o quinto triângulo?

Robert, que já estava de novo prestando muita atenção, respondeu:

$$10 + 5 = 15$$

— Nem precisamos mais jogar cocos — disse. — Eu sei o que viria depois. O próximo triângulo teria 21 cocos: os 15 do triângulo número cinco e mais 6, o que dá 21.

— Ótimo — disse-lhe o diabo dos números. — Então já podemos descer daqui e ficar mais à vontade.

Descer da palmeira foi espantoso de tão fácil e, uma vez no chão, Robert não acreditou no que viu. Lá estavam duas espreguiçadeiras listradas de azul e branco, uma fonte murmurando e, sobre uma mesinha ao lado de uma grande piscina, dois copos de suco de laranja gelado. "Não foi à toa que o velho escolheu este oásis", pensou Robert. "Aqui a gente pode passar as férias dos nossos sonhos."

Depois de terem esvaziado seus copos, o velho disse:

— Bom, os cocos a gente pode esquecer. O que importa são os números. E esses são números de um tipo muito especial. São os chamados "números triangulares", e sua quantidade é maior do que você pensa.

— Eu já estava adivinhando — disse Robert. — Com você, tudo vai até o dia de São Nunca.

— Ora, sabe de uma coisa? — prosseguiu o velho. — Por agora, bastam os primeiros dez. Espera um pouco: vou escrevê-los para você.

O diabo dos números levantou-se da espreguiçadeira, pegou sua bengala, curvou-se sobre a borda da piscina e começou a escrever na água:

1 3 6 10 15 21 28 36 45 55 . . .

"Mas nada, nada mesmo é capaz de detê-lo", pensou Robert quietinho. "Seja o céu ou a areia, o velho rabisca tudo com seus números. Nem mesmo a água está livre de sua bengala."

— Você nem acredita na quantidade de coisas que podem ser feitas com esses números triangulares — o diabo dos números sussurrou em seu ouvido. — Só para dar um exemplo: pense um pouquinho na diferença!

— Diferença entre o que e o quê? — perguntou Robert.

— Entre dois números triangulares seguidos.

Robert pôs-se a observar os números nadando na água e refletiu.

1 3 6 10 15 21 28 36 45 55 . . .

— 3 menos 1, 2. 6 menos 3, 3.10 menos 6, 4. Os resultados são os números de 1 a 10, um depois do outro. Legal! E, provavelmente, é assim que continua também.

— É exatamente assim — confirmou o diabo dos números, recostando-se satisfeito. — Mas não pense você que isso é tudo! Diga-me agora um número qualquer, e eu lhe provo que posso formá-lo a partir de, no máximo, três números triangulares.

— Está bem — disse Robert. — 51.

— Esse é fácil. Para ele, só preciso de dois números:

$$51 = 15 + 36$$

— 83!
— Pois não:

$$83 = 10 + 28 + 45$$

— 12!
— Facílimo:

$$12 = 1 + 1 + 10$$

Como você vê, sempre dá certo. E ainda tem mais uma coisa verdadeiramente supimpa, meu caro Robert. Experimente somar dois números triangulares seguidos, e você vai cair de costas.

Robert deu uma boa olhada nos números que nadavam:

1 3 6 10 15 21 28 36 45 55 . . .

E começou a somá-los dois a dois:

$$1 + 3 = 4$$
$$3 + 6 = 9$$
$$6 + 10 = 16$$
$$10 + 15 = 25$$

— Ora, são todos números que saltaram: 2^2, $3^2, 4^2, 5^2$!

— Nada mau, hein? — disse o velho. — E você pode continuar até onde quiser.

— Não, não precisa não — sugeriu Robert. — Eu prefiro nadar um pouco.

— Mas, antes disso, posso lhe mostrar um outro número de circo, se você quiser.

— É que agora já estou com muito calor — resmungou Robert.

— Não tem problema. Então deixa para lá. E eu já posso ir embora — disse o diabo dos números.

"Agora ele ficou ofendido de novo", pensou Robert. "Se eu o deixo ir, provavelmente vou sonhar com algumas formigas vermelhas." Assim sendo:

— Não, fique comigo — disse Robert.

— Você está curioso?

— Claro que estou curioso.

— Então preste atenção. Se você somar todos os números comuns de 1 a 12, qual será o resultado?

— Ah, mas que pergunta chata! Nem parece você. Parece mais uma pergunta do professor Bockel.

— Não se preocupe. Com os números triangulares você faz isso brincando. É só procurar o décimo segundo número, e pronto: você terá o resultado da soma de todos os números de 1 a 12.

Robert olhou para a água e começou a contar:

1 3 6 10 15 21 28 36 45 55 66 78 ...

— 78 — disse ele.
— Certo.
— Mas por quê?
O diabo dos números pegou sua bengala e escreveu na água:

1 2 3 4 5 6
12 11 10 9 8 7

— É só você escrever os números de 1 a 12 um embaixo do outro: os primeiros seis da esquerda para a direita; os últimos da direita para a esquerda. Aí você vai ver por quê:

Agora, um risco embaixo:
E então você faz a soma:

1 2 3 4 5 6
12 11 10 9 8 7
_____
13 13 13 13 13 13

Quanto dá?

— 6 vezes 13 — disse Robert.

— Espero que você não precise de uma calculadora para fazer essa conta.

— 6 vezes 13,78 — respondeu Robert.

— E agora você pode ver para que servem os números triangulares. Aliás, os quadrangulares também não são nada ruins...

— Eu pensei que a gente fosse nadar.

— Podemos nadar mais tarde. Primeiro, os números quadrangulares.

Robert olhava desejoso para a piscina, onde as fileiras e colunas de números triangulares nadavam feito patinhos atrás da mãe.

— Se você continuar — ameaçou —, eu acordo, e pronto: todos os números vão desaparecer.

— É, mas a piscina também — respondeu o velho. — Além disso, você sabe muito bem que não se pode simplesmente parar de sonhar quando se quer. E, no mais, quem é o chefe aqui? Você ou eu?

"Agora ele já está começando a ficar nervoso outra vez", pensou Robert. "Talvez comece a berrar logo, logo. Só em sonho, é claro. E eu não quero ninguém gritando comigo, nem mesmo em sonho. Vai saber que diabo de novidade ele inventou agora."

O velho tirou alguns cubos de gelo do balde e colocou-os sobre a mesa.

— Não é nada tão terrível — consolou o velho. — Exatamente o mesmo que fizemos antes com os cocos, só que desta vez não são triângulos, mas quadrados:

— Ah, mas nem precisa me explicar — disse Robert. — Até um cego é capaz de ver o que está acontecendo aqui: pura e simplesmente números que saltaram. Eu conto quantos cubos tem cada lado dos quadrados e faço o resultado saltar:

$$1 \times 1 = 1^2 = 1$$
$$2 \times 2 = 2^2 = 4$$
$$3 \times 3 = 3^2 = 9$$
$$4 \times 4 = 4^2 = 16$$
$$5 \times 5 = 5^2 = 25$$

Bom, e assim por diante, como de costume.

— Muito bem — disse o diabo dos números. — Verdadeiramente diabólico. Você é um aprendiz de feiticeiro de primeira classe, meu caro. Isso a gente tem que reconhecer.

— Só que eu quero nadar — resmungou Robert.

Mas quem não estiver com muito calor pode continuar brincando mais um pouquinho com os cubos, antes que eles derretam. Basta traçar algumas linhas atravessando o quadrado. Assim:

e escrever embaixo

Ou seja, a quantidade de cubos separados do quadrado maior pelas linhas que vocês traçaram. Se, então, vocês somarem os números do 1 ao 9, qual será o resultado? Aposto que será um número conhecido!

— Talvez você queira descobrir agora como funcionam os números pentagonais? Ou os hexagonais?

— Não, muito obrigado, eu realmente não quero — respondeu Robert.

E, levantando-se, pulou na água.

— Espere aí! — gritou o diabo dos números. — A piscina inteira está cheia de números. Um momentinho só, até eu pescá-los todos.

Mas Robert já estava nadando, com os números boiando nas ondas à sua volta, todos números triangulares. E nadou e nadou até não ser mais capaz de ouvir o que o velho gritava. É que a piscina nem tinha fim de tão grande: era infinita como os números, e tão maravilhosa quanto eles.

A sexta noite

— Você provavelmente pensa que eu sou o único — disse o diabo dos números em sua aparição seguinte. Dessa vez estava sentado numa cadeira de armar, no meio de uma infinda plantação de batatas.

— O único o quê? — perguntou Robert.

— O único diabo dos números. Mas isso não é verdade. Sou apenas um dos muitos. No lugar de onde vim, o paraíso dos números, existe uma multidão deles. Infelizmente, não sou o maior de todos. Os verdadeiros chefes ficam sentados em suas salas, pensando. De vez em quando, um ri e diz alguma coisa como: "R_n é igual a h_n dividido por n fatorial vezes f de n, abre parênteses, a mais *teta*, fecha parênteses". E os outros, que o entendem, fazem que sim com a cabeça e riem junto. Às vezes, eu nem entendo do que estão falando.

— Para um pobre diabo, até que você é bem seguro de si — comentou Robert. — Será que agora eu devo ficar com pena de você?

— Por que você acha que eles mandam a mim todas as noites? Porque os grandes senhores lá em cima têm coisas mais importantes para fazer do que ficar visitando aprendizes como você, meu caro Robert.

— Então é uma sorte eu poder sonhar pelo menos com você?

— Não me entenda mal, por favor — pediu o amigo de Robert. Sim, pois os dois, agora, já haviam se transformado quase em velhos amigos. — O que esses senhores ficam bolando lá em cima não é nada de ruim. Um de quem eu gosto muito é o Bonatchi. Volta e meia ele me explica as coisas todas que descobriu. É um italiano. Morreu faz tempo, infelizmente, mas isso pouco importa para um diabo dos números. Sujeito simpático, o velho Bonatchi, e, aliás, um dos primeiros a compreender o 0. Não foi ele quem o inventou, é verdade; mas, em compensação, teve a ideia daqueles números de Bonatchi. Brilhante! Como a maioria das boas ideias, sua invenção começa com o número 1, você bem sabe. Ou, mais exatamente, com dois uns: 1 + 1 = 2.

Daí ele retira os dois últimos números e os soma;

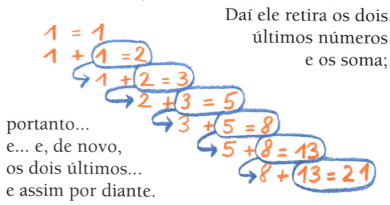

portanto...
e... e, de novo,
os dois últimos...
e assim por diante.

— Até o dia de São Nunca.

— Claro.

E o diabo dos números começou então a desfiar os tais números de Bonatchi; sentado em sua pequena cadeira de armar, mergulhou mesmo numa espécie de ladainha. Uma verdadeira ópera de Bonatchi:

— 1, 1, 2, 3, 5, 8, 13, 21, 34, 55, 89, 144, 233, 387...

Robert tapou os ouvidos.

— Está bem, eu paro — disse o velho. — Talvez seja melhor eu escrever esses números, para que você possa guardá-los.

— Escrever onde?

— Onde você quiser. Que tal um rolo de papel?

E o diabo dos números desatarraxou a ponta de sua bengala, puxando de dentro dela um fino rolo de papel. Jogou-o no chão e o empurrou. Inacreditável a quantidade de papel que estivera enfiada na bengala! Uma verdadeira serpente interminável, desenrolando-se cada vez mais para longe e correndo adiante pelos sulcos da plantação, até sua ponta desaparecer na distância. E é claro que o rolo de papel trazia escrita toda a sequência de Bonatchi com seus números:

1.	2.	3.	4.	5.	6.	7.	8.	9.	10.	11.	12.	13.
1	1	2	3	5	8	13	21	34	55	89	144	233

Daí em diante, os números estavam tão longe e tinham ficado tão pequenos que Robert já não conseguia lê-los.

— Bom, e daí? — perguntou ele.

— Se você somar os cinco primeiros e acrescentar 1 à soma, o resultado será o sétimo. Se somar os seis primeiros, acrescentando 1, obterá o oitavo. E assim por diante.

— Ah, sei... — disse Robert. Não parecia lá muito entusiasmado.

— Mas funciona também se você pular um dos números. Só não pode ser o primeiro 1: este precisa estar sempre presente — disse o diabo dos números.

Veja só: $\qquad 1 + 1 = 2$

(e agora você pula um) $\qquad + 3$

(pula mais um) $\qquad + 8$

(e pula ainda outro) $\qquad +21$

Agora some esses quatro, e me diga quanto dá.

— 34 — respondeu Robert.

— Ou seja, o próximo número de Bonatchi, depois do 21. Se isso é muito trabalhoso para você, fique sabendo que funciona também com números saltando. Pegue, por exemplo, o quarto número de Bonatchi e faça-o saltar. O quarto é o 3, e 3^2 é quanto?

— 9 — disse Robert.

— Agora pegue o número seguinte, o quinto, e faça-o saltar também.

— $5^2 = 25$ — respondeu Robert sem hesitar.

— Ótimo. E agora some os dois.

$$9 + 25 = 34$$

— Outro número de Bonatchi! — exclamou Robert.

— E, aliás, o nono, porque 4 mais 5 é igual a 9 — disse o velho, esfregando as mãos.

— Entendi. Tudo muito bom, muito bonito, mas agora me diga uma coisa: para que serve isso?

— Ah — respondeu o diabo dos números —, não pense que a matemática é coisa só para matemáticos. A própria natureza não vive sem os números. Até as árvores e as conchas sabem contar.

— Conversa fiada — protestou Robert. — Você está achando que eu tenho cara de pato?

— Os patos também, suponho. Todos os animais. Ou pelo menos eles se comportam como se tivessem os números de Bonatchi na cabeça. Talvez tenham compreendido como os números funcionam.

— Não posso acreditar.

— Ou os coelhos. Vamos ficar com os coelhos, que são mais alegres do que as conchas. Aqui nesta plantação de batatas deve haver coelhos!

— Não estou vendo nenhum — disse Robert.

— Ali estão dois. — E, de fato, lá vinham dois minúsculos coelhos brancos pulando, e sentaram-se ambos aos pés de Robert.

— Acho que são um macho e uma fêmea — disse o velho. — Então nós temos *um* casal. Como você bem sabe, tudo começa pelo 1.

— Ele quer me fazer acreditar que vocês sabem contar — disse Robert aos coelhos. — Essa é demais! Não acredito numa palavra do que ele está dizendo.

— Ora, Robert, e o que é que você sabe sobre coelhos? Não sabe nada! Provavelmente você está imaginando que nós somos coelhos de neve.

— Coelhos de neve — retrucou Robert, querendo mostrar-lhes que não era assim tão ignorante —, coelhos de neve a gente só vê no inverno.

— Justamente. Já nós, nós somos brancos porque somos jovens. Para ficarmos adultos vai demorar dois meses. Aí nosso pelo vai ficar marrom, e vamos querer filhotes. Até eles nascerem, um coelhinho e uma coelhinha, leva mais um mês. Fique sabendo!

— Só dois vocês querem? — perguntou Robert. — Sempre pensei que coelhos tivessem filhotes aos montes.

— Claro que temos filhotes aos montes — responderam eles —, mas não todos de uma vez. Dois por mês já é o bastante. E será a mesma coisa com nossos filhotes. Você já vai ver.

— Não acho que a gente vá ficar tanto tempo aqui. Até nascerem os filhotes, eu já terei acordado faz tempo. Amanhã cedo tenho que ir à escola.

— Isso não é problema — intrometeu-se o diabo dos números. — Aqui nesta plantação de batatas, o tempo passa muito mais rápido do que você pensa. Um mês dura apenas cinco minutos. E, para que você acredite em mim, trouxe comigo um relógio-coelho. Olha aqui!

E o diabo dos números puxou um relógio de bolso de tamanho considerável. Tinha duas orelhas, mas um único ponteiro:

— E, além do mais, ele não mostra as horas, mas os meses. Sempre que termina um mês, o relógio toca. Se eu apertar o botão, ele começa a correr. Posso?

— Sim! — gritaram os coelhos.

— Então está bem.

O diabo dos números apertou o botão, o relógio começou a fazer tique-taque, e o ponteiro se pôs em movimento. Quando chegou ao 2, o relógio tocou. Dois meses haviam se passado, os coelhos estavam bem maiores e seu pelo já havia trocado de cor. Não eram mais brancos: eram marrons agora.

Quando o ponteiro chegou ao 3, três meses haviam se passado, e a coelha deu à luz dois minúsculos coelhinhos brancos.

Agora eram 2 os casais de coelhos: os jovens e os velhos. Mas ainda não estavam nem um pouco satisfeitos. Queriam mais filhotes, e quando o pon-

teiro chegou ao 4, o relógio tocou de novo, e a velha coelha deu à luz os dois coelhos seguintes.

Robert contou os casais de coelhos. Eram 3 agora: aquele primeiro casal (marrom), os filhotes da primeira ninhada, que nesse meio-tempo também já haviam se tornado adultos (e marrons), e o casal mais jovem, com seu pelo ainda branco.

O ponteiro arrastava-se então em direção ao 5, e aconteceu o seguinte: a velha coelha deu à luz outro casal, e seus primeiros filhotes também, que tampouco eram preguiçosos. Assim, os casais eram agora 5, e todos saltitavam pela plantação. Lá estavam, pois, os pais, os três casais de filhos e um casal de netos. Três deles eram marrons; dois eram brancos.

— No seu lugar — aconselhou o diabo dos números —, eu já nem tentaria mais diferenciá-los uns dos outros. Contá-los já lhe dará trabalho suficiente!

Quando o relógio chegou ao 6, Robert ainda

podia acompanhar bem. Eram 8 casais agora. E, quando o relógio tocou pela sétima vez, já eram 13. "Que confusão inacreditável", pensou Robert. "Onde é que isso vai parar?"

Contudo, mesmo quando o relógio tocou pela oitava vez, Robert ainda não havia perdido a conta: eram precisamente 21 casais.

— Você não está notando nada de especial? — perguntou o diabo dos números.
— Mas é claro — respondeu Robert. — São todos números de Bonatchi:

O relógio-coelho seguia adiante, implacável. "Socorro!", gritou Robert. "Isto não tem mais fim. Milhares de coelhos! Isto é um pesadelo!"

1, 1, 2, 3, 5, 8, 13, 21 ...

Só que, enquanto ele dizia isso, montes de outros coelhos tinham vindo ao mundo, brincando e saltando em meio aos brancos e marrons que dançavam para lá e para cá pela plantação. Robert então não conseguiu mais enxergar a todos para contá-los. O relógio-coelho seguia adiante, implacável. E o ponteiro já começara sua segunda volta fazia tempo.

— Socorro! — gritou Robert. — Isto não tem mais fim. Milhares de coelhos! Terrível!

— Para que você veja como a coisa funciona, eu trouxe comigo uma lista de coelhos. Nela você pode ler o que se passou entre zero e oito horas.

— Já passamos das oito faz tempo! — exclamou Robert. — Agora já são no mínimo mais de mil.

— São exatamente 4181, e logo, ou seja, em cinco minutos, serão 6765.

— E você pretende deixá-los ir em frente até que o mundo todo esteja coberto de coelhos? — perguntou Robert.

— Ah, mas isso nem levaria tanto tempo assim — respondeu o velho sem pestanejar. — Mais um par de voltas do ponteiro, e pronto.

— Não, por favor! — pediu Robert. — Isto é um pesadelo! Sabe de uma coisa? Não tenho nada contra os coelhos, até gosto deles, mas o que é demais, é demais. Você precisa detê-los.

RELÓGIO-COELHO	PAIS	FILHOS	NETOS	BISNETOS	BONATCHI	CASAIS
						(1)
						1
						1
						2
						3
						5
						8
						13
						21

— Com muito prazer, Robert. Mas só se você reconhecer que os coelhos se comportam como se soubessem de cor os números da sequência de Bonatchi.

— Está bem! Pelo amor de Deus, eu reconheço! Mas anda logo, senão eles vão começar a passear sobre nossas cabeças.

O diabo dos números apertou duas vezes o botãozinho do relógio-coelho, e ele imediatamente começou a andar para trás. Cada vez que tocava, a quantidade de coelhos diminuía, e, depois de o ponteiro ter dado uma ou duas voltas, lá estava ele de novo no 0. Restavam apenas dois coelhos na deserta plantação de batatas.

— E esses dois aí? — perguntou o velho. — Quer ficar com eles?

— Melhor não. Senão é capaz de começarem tudo de novo.

— Pois é. Com a natureza é assim mesmo — disse o velho, balançando com gosto em sua cadeira de armar.

— Com a sequência de Bonatchi é assim mesmo — retrucou Robert. — Esses seus números vão logo aumentando até o infinito. Não sei se gosto disso.

— Mas, como você viu, o contrário também acontece. Nós acabamos voltando ao ponto de partida: o 1.

E assim eles se despediram em paz, sem se preocupar com o destino do último casal de coelhos. O diabo dos números foi se juntar a seu velho conhecido, Bonatchi, no paraíso dos números, e a todos os outros que estão sempre ali a maquinar novas diabruras. E Robert continuou dormindo, sem sonhar, até tocar o despertador. Ficou feliz em ver que se tratava de um despertador bem comum, e não de um relógio-coelho.

E quem não quer acreditar ainda que também a natureza parece saber contar, dê uma boa olhada na árvore logo a seguir. Essa história dos coelhos pode ter sido complicada demais para alguns de vocês. Mas uma árvore não fica pulando de um lado para o outro: fica parada e, por isso, é mais fácil contar seus galhos. Comecem embaixo, na linha vermelha número 1. Ela atravessa somente o tronco, o mesmo acontecendo com a linha número 2. Na linha logo acima, a de número 3, um galho vem se juntar ao tronco. Agora sigam contando. Quantos galhos será que atravessa a linha vermelha lá de cima, a de número 9?

A sétima noite

— Estou preocupada — disse a mãe de Robert. — Eu realmente não sei o que está acontecendo com este menino. Antes, ele vivia no pátio ou no parque, jogando futebol com Albert, Charlie, Enzio e os outros. Agora fica aí, enfiado nesse quarto, o dia inteiro. Em vez de fazer a tarefa da escola, abriu uma folha enorme de papel e só fica desenhando coelhos.

— Silêncio! — disse Robert. — Você está me confundindo, e eu preciso me concentrar.

— E fica o tempo todo murmurando números, números, números. Isso não pode ser normal.

Ela falava sozinha, como se Robert nem estivesse no quarto.

— Antes, nunca se interessou por números. Pelo contrário: sempre xingou o professor por causa das tarefas cheias de contas. Ora, vá tomar um pouco de ar fresco! — exclamou afinal.

Robert ergueu a cabeça da folha e disse:

— Você tem razão. Se continuar contando coelhos, vou ficar com dor de cabeça.

E saiu de casa. No parque, havia um grande gramado em que não se via um único coelho.

— Oi, Robert! — disse Albert ao vê-lo chegando. — Quer jogar com a gente?

Enzio, Gerhard, Ivan e Karol também estavam lá. Jogavam futebol, mas Robert não estava com vontade. "Eles não fazem nem ideia de como as árvores crescem", pensou.

Quando chegou em casa, já era bem tarde. Depois do jantar, foi direto para a cama. Por precaução, enfiou um belo pincel atômico no bolso do pijama.

— Mas desde quando você vai dormir tão cedo assim? — admirou-se a mãe. — Antes, queria ficar acordado até não poder mais!

Robert, porém, sabia exatamente o que queria, e sabia também por que não podia contar nada a sua mãe. Afinal, ela não acreditaria, mesmo se ele lhe explicasse que coelhos, árvores e até conchas sabiam contar, e que ele era amigo de um certo diabo dos números.

Mal adormecera, lá estava o velho, já a postos.

— Hoje vou lhe mostrar uma coisa muito legal — disse.

— O que você quiser, mas não me venha de novo com coelhos. Passei o dia todo me atormentando com eles. E sempre confundindo os brancos e os marrons.

— Esqueça isso! Venha comigo.

O diabo dos números levou Robert até uma

casa branca, parecida com um cubo. Ela era toda branca por dentro também, até mesmo as escadas e as portas. Entraram então num quarto grande, vazio e branco como a neve.

— Mas aqui não se pode nem sentar — queixou-se Robert. — E que blocos são esses?

Caminhou até um grande amontoado de blocos a um canto e os examinou mais de perto.

— Parece vidro ou plástico — constatou. — Uma porção de cubos grandes. E tem alguma coisa brilhando dentro deles. Devem ser fios elétricos ou coisa assim.

— Eletrônica — disse o velho. — Se você quiser, podemos construir uma pirâmide.

O diabo dos números pegou então os primeiros cubos e os dispôs em fileira no chão branco.

— Vamos em frente, Robert.

E os dois continuaram com a construção, até que a fileira de cubos ficou assim:

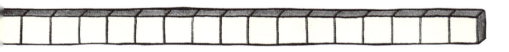

— Pare! — exclamou o diabo dos números. — Quantos cubos nós já temos?

Robert contou-os.

— 17. É um número torto — disse.

— Não tão torto quanto você pensa. Basta subtrair 1.

— O que dá 16. Outra vez um número que saltou. Um 2 que saltou quatro vezes: 2^4.

— Olha só... Ficando esperto, hein? Mas vamos em frente com a construção. Vamos colocar os próximos blocos sempre em cima da risca entre os dois de baixo, como fazem os pedreiros.

— Tudo bem — disse Robert. — Mas isto nunca vai ser uma pirâmide. Embaixo, as pirâmides são ou triangulares ou retangulares, e isto aqui é uma reta. Isto aqui vai ser um triângulo.

— Ótimo — respondeu o diabo dos números. — Então vamos construir um triângulo mesmo.

E seguiram assentando os blocos até o triângulo ficar pronto:

"Parece vidro ou plástico", constatou. *"Uma porção de cubos grandes. E tem alguma coisa brilhando dentro deles. Devem ser fios elétricos ou coisa assim."*

— Pronto! — exclamou Robert.

— Pronto? Pois agora é que a coisa começa de fato.

O diabo dos números subiu por um dos lados do triângulo e escreveu um 1 no último cubo lá de cima.

— Como sempre... — murmurou Robert. — Você e esse seu l!

— Mas é claro! — respondeu o velho. — É com o 1 que tudo começa. Você sabe!

— E o que é que vem agora?

— Você já vai ver. Em cada cubo nós vamos escrever a soma do que está em cima dele.

— Uma obra de arte — disse Robert, tirando do bolso seu belo pincel atômico e escrevendo:

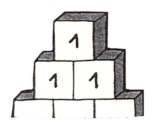

— Nada além de uns — comentou. — Por enquanto, nem preciso de calculadora.

— Logo os números vão aumentar. Siga em frente! — exclamou o diabo dos números. E Robert escreveu:

— Facílimo, uma brincadeira de criança — disse.

— Não seja tão convencido, meu caro. Espere só para ver no que vai dar.

Robert continuou a fazer as contas e a escrever:

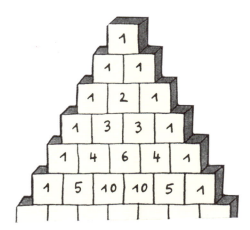

— Já dá para ver que os números nas bordas serão sempre uns, não importa quanto a gente desça. E os números logo ao lado deles, na diagonal, eu também já posso ir escrevendo, porque formam simplesmente a sequência dos números comuns: 1, 2, 3, 4, 5, 6, 7...

Robert se aproximou novamente do triângulo e foi escrevendo, de cima a baixo:

— E o que acontece com a fileira seguinte, na diagonal logo ao lado de 1,2,3,4,5,6, 7...? Dá uma lida nos quatro primeiros.

O diabo dos números tinha outra vez aquele sorrisinho astuto nos lábios, e Robert pôs-se a ler da direita para a esquerda, e de cima para baixo:

— 1, 3, 6, 10... Esses números me parecem conhecidos...

— Os cocos, os cocos! — exclamou o velho.

— Ah, claro! Isso mesmo! Já lembrei: 1, 3, 6, 10 são os números triangulares.

— E como é que se chega neles?

— Infelizmente já esqueci — disse Robert.

— Muito fácil:

$$1 + 2 = 3$$
$$3 + 3 = 6$$
$$6 + 4 = 10$$
$$10 + 5 = 15$$

— ...15 + 6 = 21 — continuou Robert.

— Então!

E assim Robert foi escrevendo cada vez mais números nos cubos. Por um lado, tudo foi se tornando mais fácil, porque ele já não precisava se pendurar lá em cima; mas, por outro lado, os números malditos não paravam de aumentar.

— Ah, não — disse ele. — Você não pode

exigir que eu calcule esses números todos de cabeça.

— Como você quiser — disse o velho. — Só não fique nervoso. Com mil diabos se eu não posso fazer isso num segundo!

E, a uma velocidade espantosa, preencheu todo o triângulo.

— Fica bem apertadinho nos cubos de baixo — disse Robert. — 12 870! Nossa!

— Ah, isso é fichinha. Tem muito mais coisa neste triângulo.

E bem que se pode dizer isso! Talvez vocês estejam pensando que ele só serve para quebrar a cabeça. Errado! É justamente o contrário. Ele foi feito para os preguiçosos, os que não gostam de passar um tempão fazendo contas. Se, por exemplo, vocês quiserem saber quanto dá a soma dos doze primeiros números triangulares, só precisam descer pela terceira fileira diagonal, a que começa com 1, 3, 6, 10. Corram o dedo por ela até o décimo segundo cubo da fileira. Aí, é só buscar o número logo abaixo à esquerda. Que número é esse?

Desse modo, vocês se pouparam o trabalho de ter que calcular quanto é 1 + 3 + 6 + 10 + 15 + 21 + 28 + 36 + 45 + 55 + 66 + 78.

— Você tem ideia do que foi que nós construímos? — perguntou o diabo dos números. — Isto não é somente um triângulo: é um monitor! Como uma tela de computador. Você pensa que os cubos todos têm uma vida eletrônica interior por quê? Eu só preciso ligar essa coisa, e ela vai acender.

O diabo dos números então bateu palmas uma vez, e o quarto ficou escuro. Depois, bateu uma segunda vez, e o primeiro cubo lá de cima iluminou-se de vermelho.

— Outra vez o 1 — disse Robert.

Quando o velho bateu palmas de novo, o cubo mais alto se apagou, e a fileira logo abaixo pôs-se a brilhar como um farol vermelho.

— Você poderia talvez fazer esta soma? — pediu ele.

— 1 + 1 = 2 — murmurou Robert. — Nada de muito sensacional!

O diabo dos números bateu palmas ainda uma vez, e então a terceira fileira tingiu-se de vermelho.

— 1 + 2 + 1 = 4 — disse Robert. — E nem precisa continuar batendo palmas. Eu já entendi. É o nosso velho conhecido, o 2, saltando. A próxima fileira dá 2 x 2 x 2 ou 2^3, que é igual a 8. E assim por diante: 16, 32, 64. Até o final do triângulo, lá embaixo.

— A última fileira — disse o velho — dá 2^{16}, que já é um número bem grandinho. Se você quiser saber com exatidão, 65536.

136

— Melhor não!

— Tudo bem.

O diabo dos números bateu palmas, e o quarto ficou de novo no escuro.

— Você não quer rever alguns outros velhos conhecidos? — perguntou ele.

— Depende.

E o velho bateu palmas três vezes, acendendo novamente os cubos: alguns ficaram amarelos, outros azuis, e outros, ainda, verdes ou vermelhos.

— Está parecendo desfile de Carnaval — disse Robert.

— Você está vendo as escadinhas de mesma cor que descem em diagonal da direita para a esquerda? Vamos somar todos os números de cada uma dessas escadinhas e ver quanto dá. Comece bem lá em cima, com a vermelha.

— A primeira só tem um degrau — disse Robert. — 1, como sempre.

— E a amarela, logo embaixo?

— A mesma coisa: 1.

— A próxima é a azul. São dois cubos.

— 1 + 1 = 2

— Depois, a verde logo embaixo. Dois cubos verdes.

— 2 + 1 = 3

E Robert agora já sabia como ir em frente:

— Vermelha de novo: 1 + 3 + 1 = 5. Amarela: 3 + 4 + 1 = 8. Azul: 1 + 6 + 5 + 1 = 13.

— E o que seria isto: 1, 1, 2, 5, 8, 13...

— Os números de Bonatchi, é claro! Os números-coelhos.

— Por aí você vê quanta coisa tem dentro do nosso triângulo. A gente poderia continuar por vários dias, mas acho que, para você, já basta por hoje, não é?

— Isso você nem precisa repetir — concordou Robert.

— Está bem então: chega de tanta conta.

O diabo dos números bateu palmas, e os cubos se apagaram.

— Mas nosso monitor é capaz de muito mais. Se eu bater palmas outra vez, sabe o que vai acontecer? Os números pares vão se acender em todo o triângulo, e os ímpares permanecerão apagados. Posso?

— Por mim...

O que Robert viu então foi, de fato, uma surpresa.

— Mas isso é demais! Um desenho. Triângulos dentro do triângulo, só que estão de cabeça para baixo!

Robert ficou pasmado.

— Maiores e menores — completou o diabo dos números. — Os menores parecem cubos, mas, na verdade, formam um triângulo. Os médios compõem-se de 6 cubos, e o maior, de 28.

Claro que esses são todos números triangulares. Por enquanto, somente os números pares estão amarelos. Mas o que você acha que vai acontecer se acendermos todos os números do nosso monitor que podem ser divididos por 3, 4 ou 5? Eu só preciso bater palmas, e você vai ver. Por qual deles começamos? Pelo 5?

— Isso — disse Robert. — Todos os números divisíveis por 5.

O velho bateu palmas, os números amarelos se apagaram e números verdes brilharam em seu lugar.

— Com isso eu nem teria sonhado — disse Robert. — De novo, só triângulos, mas são outros agora. É a mais pura bruxaria!

— Pois é, meu caro. Às vezes eu pergunto a mim mesmo onde é que termina a matemática e começa a bruxaria.

— Fantástico! Você realmente inventou tudo isso?

— Não.

— Então quem foi?

— Nem o diabo sabe! O triângulo dos números é coisa muito antiga, bem mais velha do que eu.

— Mas você também me parece bem velhinho.

— Eu? Permita-me dizer que sou um dos mais jovens habitantes do paraíso dos números. Nosso triângulo tem no mínimo 2 mil anos. Eu acho que a ideia foi de algum chinês. Mas ainda hoje brincamos com ele e seguimos descobrindo novos truques que podem ser feitos.

"Se continuarem brincando", Robert pensou, "provavelmente os truques nunca mais terão fim." Isso, porém, ele não disse.

Ainda assim, o diabo dos números o entendeu.

— É, a matemática é mesmo uma história sem fim — disse. — Você procura, procura, e sempre acaba encontrando algo novo.

— E vocês não podem parar nunca? — perguntou Robert.

— Eu não, mas você sim — sussurrou o diabo dos números. E, ao fazê-lo, os cubos verdes foram se apagando, e ele próprio foi se tornando cada vez mais magro, até ficar um palito, parecendo criança que não come feijão. O quarto estava agora um breu, e logo Robert tinha esquecido tudo: os cubos coloridos, os triângulos, os números de Bonatchi e até seu amigo, o diabo dos números.

Dormiu, dormiu e, quando ele acordou na manhã seguinte, sua mãe lhe perguntou:

— Você está tão pálido, Robert. Teve sonhos ruins?

— Hã? Eu? Eu não, como assim?

— Estou preocupada.

— Ora, mamãe — respondeu Robert —, a senhora sabe muito bem que não se deve falar no diabo, senão aparece o rabo...

> *Alguém aí quer saber que desenho o monitor forma quando se acendem todos os números divisíveis por 4? Pois não. Para isso, não precisa ser nenhum diabo dos números. Vocês mesmos podem descobrir! Peguem um lápis de cor e pintem todos os números que aparecem na tabuada do 4. Para os números muito grandes, usem uma calculadora. É só pegar o número, digitar ÷ 4, e vocês verão se a conta dá certo. Logo aí na página seguinte tem um triângulo para vocês pintarem.*

A oitava noite

Robert estava em pé lá na frente, junto à lousa. Sentados na primeira fileira, estavam os dois melhores amigos que tinha em sua classe: Albert, o jogador de futebol, e Bettina, a menina das tranças. Como sempre, os dois brigavam.

"Era só o que me faltava", Robert pensou. "Agora estou sonhando também com a escola!"

Então a porta da sala se abriu, mas quem entrou não foi o professor Bockel: foi o diabo dos números.

— Bom dia — disse ele. — Estou vendo que vocês já estão brigando de novo. O que foi agora?

— A Bettina está sentada no meu lugar — respondeu Albert.

— Ora, então troque de lugar com ela.

— Mas ela não quer — disse ele.

— Escreva na lousa, Robert — pediu o velho.

— Escrever o quê?

— Escreva um A de Albert e um B de Bettina. Albert à esquerda, Bettina à direita.

Robert não entendeu por que deveria escrever aquilo, mas pensou: "Se ele quer assim, para mim tanto faz".

A B

— Muito bem. Agora, Bettina — prosseguiu o diabo dos números —, sente do lado esquerdo e Albert do lado direito.

Que engraçado! Bettina não protestou. Levantou-se obediente e trocou de lugar com Albert.

B A

escreveu Robert na lousa.

Nesse momento, a porta se abriu e Charlie entrou, atrasado como sempre. Sentou-se à esquerda de Bettina.

C B A

escreveu Robert.

Mas Bettina não gostou nem um pouco.

— Se é para eu me sentar à esquerda, então quero ficar na ponta! — disse ela.

— Pelo amor de Deus — resmungou Charlie. — Como você quiser!

E os dois trocaram de lugar:

Então quem não se conformou foi Albert.

— Prefiro sentar ao lado da Bettina! — exclamou.

E Charlie foi tão bondoso que, sem mais, levantou e cedeu o lugar a Albert:

B A C

"Se continuar assim", Robert disse para si próprio, "a gente já pode esquecer esta aula de matemática." E assim foi de fato, porque agora Albert também queria sentar-se na ponta.

— Então vamos todos precisar levantar — disse Bettina. — Eu não vejo motivo, mas se tem que ser... Venha, Charlie!

E, quando já estavam todos sentados de novo, ficou assim:

A B C

Mas claro que isso não durou muito tempo.

— Não, não fico nem mais um minuto ao lado do Charlie — afirmou Bettina.

Ela era de fato de dar nos nervos. E, como não sossegasse, os dois meninos precisaram ceder. Robert, então, escreveu:

— Agora chega! — disse ele.

— Você acha? — perguntou o diabo dos números. — Os três ainda nem experimentaram todas as possibilidades. Que tal se vocês sentassem assim: Albert à esquerda, Charlie no meio e Bettina à direita?

— Nunca, nunquinha! — exclamou Bettina.

— Não seja tão resmungona, Bettina — disse o velho.

A contragosto, os três se levantaram, sentando-se então da seguinte maneira:

— Você está notando alguma coisa, Robert? Ei, Robert, estou falando com você! Aqueles três ali com certeza não estão percebendo nada.

Robert olhou para a lousa:

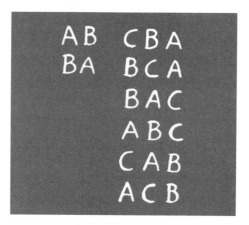

— Parece que já esgotamos todas as possibilidades — disse ele.

— Isso eu também acho — concordou o diabo dos números. — Mas não é possível que a classe de vocês tenha só quatro alunos. Desconfio que estão faltando alguns outros.

E mal ele terminara de falar, Doris escancarou a porta. Estava quase sem fôlego.

— Mas o que está acontecendo aqui? O professor Bockel não veio? E quem é o senhor? — perguntou ela ao diabo dos números.

— Estou aqui apenas em caráter excepcional. O professor Bockel tirou uma licença. Disse que não aguenta mais. A classe de vocês é bagunceira demais para ele.

— É, bem que se pode dizer isso — respondeu Doris. — Olha aí, estão todos sentados nos lugares errados. Desde quando esse lugar é *seu*, Charlie? Quem senta aí sou eu!

— Então sugira você, Doris, onde cada um deve sentar — disse o diabo dos números.

— Eu simplesmente seguiria a ordem alfabética — opinou ela. — A de Albert, B de Bettina, C de Charlie, e assim por diante. Seria o mais fácil.

— Como você quiser. Vamos ver como fica.

Robert anotou na lousa:

A B C D

O problema é que os outros não estavam de

acordo com a ordem sugerida por Doris. A classe virou um inferno. Bettina era a pior de todos. Mordia e arranhava quem não lhe cedesse o lugar. Todos se empurravam e se acotovelavam. E, passado algum tempo, os quatro começaram a achar divertida aquela brincadeira maluca. Trocavam de lugar cada vez mais rápido, de tal modo que Robert mal conseguia acompanhar com suas anotações na lousa. Por fim, o bando dos quatro já havia experimentado todas as possibilidades, e na lousa se lia então:

ABCD	BACD	CABD	DABC
ABDC	BADC	CADB	DACB
ACBD	BCAD	CBAD	DBAC
ACDB	BCDA	CBDA	DBCA
ADBC	BDAC	CDAB	DCAB
ADCB	BDCA	CDBA	DCBA

"Que bom que hoje não estão todos aqui", pensou Robert, "do contrário isso não acabaria mais."

Mas foi nesse instante que a porta se abriu e, num estrondo, entraram Enzio, Felicitas, Gerhard, Heidi, Ivan, Jeannine e Karol.

— Oh, não, por favor! — gritou Robert. — Por favor, não sentem, senão eu vou ficar louco!

"Oh, não, por favor!", gritou Robert. "Por favor, não sentem, senão eu vou ficar, louco!" "Está bem", disse o diabo dos números. "Vamos parar por aqui. Podem ir para casa todos vocês."

— Está bem — disse o diabo dos números. — Vamos parar por aqui. Podem ir para casa todos vocês. Estão dispensados das outras aulas.

— E eu? — perguntou Robert.

— Você pode ficar mais um pouquinho.

Os outros correram para o pátio, e Robert se pôs a examinar o que estava escrito na lousa.

— E então, o que você acha? — perguntou o diabo dos números.

— Não sei. A única coisa que está clara para mim é que isso vai sempre aumentando: existem cada vez mais possibilidades. Enquanto estávamos só em dois, foi tudo bem: 2 alunos, 2 possibilidades, 3 alunos, 6 possibilidades. Mas, com 4 alunos, as possibilidades já são... um minutinho... 24.

— E se houver só 1 aluno?

— Ora, como assim? Aí é claro que só há 1 possibilidade também.

— Experimente multiplicar os números — sugeriu o velho.

ALUNOS:	POSSIBILIDADES:
1	1
2	$1 \times 2 = 2$
3	$1 \times 2 \times 3 = 6$
4	$1 \times 2 \times 3 \times 4 = 24$

— Ah-ah — disse Robert. — Muito interessante.

— Se o número de pessoas participando da brincadeira é cada vez maior, fica chato escrever desse jeito. Podemos encurtar isso. A gente escreve o número de participantes e põe um ponto de exclamação depois:

$$4! = 24$$

E isso se lê: quatro bum!

— Se nós não tivéssemos mandado Enzio, Felicitas, Gerhard, Heidi, Ivan, Jeannine e Karol para casa, o que você acha que teria acontecido?

— Uma confusão dos diabos — disse o diabo dos números. — Eles teriam experimentado uma quantidade infernal de possibilidades, e posso lhe garantir que isso demoraria à beça. Somando com Albert, Bettina e Charlie, seriam 11 pessoas, o que significa que nós teríamos então onze bum! possibilidades diferentes. Imagine só quanto daria isso.

— De cabeça, ninguém é capaz de fazer uma conta dessas. Mas, aqui na escola, eu sempre estou com a minha calculadora. Escondida, é claro, porque o professor Bockel não admite que se trabalhe com ela.

E Robert se pôs a digitar:

$$1 \times 2 \times 3 \times 4 \times 5 \times 6 \times 7 \times 8 \times 9 \times 10 \times 11 =$$

— Onze bum! — disse — são exatamente 39 916 800. Quase 40 milhões!

— Viu só? Se tivéssemos começado a experimentar todas elas, daqui a 80 anos ainda estaríamos todos sentados aqui. Seus colegas de escola já estariam de cadeira de rodas, e nós precisaríamos contratar 11 enfermeiras para empurrá-los para lá e para cá. Mas, com um pouquinho de matemática, tudo vai mesmo mais rápido. Aliás, acabo de ter uma ideia. Dá uma olhada pela janela e veja se os seus colegas ainda estão lá fora.

— Acho que foram comprar um sorvete e, agora, já estão indo para casa.

— Eu suponho que apertem as mãos uns dos outros quando se despedem.

— De jeito nenhum. No máximo, dizem "tchau" ou "até depois".

— Pena... — lamentou o diabo dos números. — Eu bem que gostaria de saber o que acontece quando cada um dá a mão ao outro.

— Pode parar! Isso com certeza duraria uma eternidade. Provavelmente o número de apertos de mão é gigantesco. Onze bum!, suponho, se são 11 pessoas.

— Errado! — disse o velho.

"Se são 2 pessoas", pensou Robert, "o aperto de mão é só 1. Se são 3..."

— Melhor você escrever na lousa.
E Robert escreveu:

PESSOAS:	APERTOS DE MÃO:
A	—
A B	A B
A B C	A B A C B C
A B C D	A B A C A D B C B D C D

— Ou seja, para 2 pessoas, só 1 aperto de mão; 3 pessoas, 3 apertos de mão; mas, para 4 pessoas, já são 6 apertos de mão.

— 1, 3, 6... Acho que já conhecemos isso, não é?

Robert não conseguia se lembrar. Então o diabo dos números desenhou algumas bolinhas na lousa:

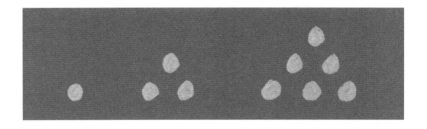

— Os cocos! — exclamou Robert. — Números triangulares!

— E como é que eles funcionam?

— Ora, você sabe:

$$1 + 2 = 3$$
$$3 + 3 = 6$$
$$6 + 4 = 10$$
$$10 + 5 = 15$$
$$15 + 6 = 21$$
$$21 + 7 = 28$$
$$28 + 8 = 36$$
$$36 + 9 = 45$$
$$45 + 10 =$$

— São exatamente 55 apertos de mão.
— É, até aí ainda dá para ir — disse Robert.
— Se você não quiser ficar fazendo tanta conta, pode fazer de outra maneira também. Desenhe alguns círculos na lousa, assim:

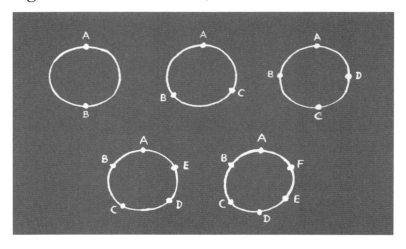

Então, a cada novo círculo, você acrescenta uma letra: A para Albert, B para Bettina, C para Charlie, e assim por diante. Depois, ligue todas as letras, umas com as outras:

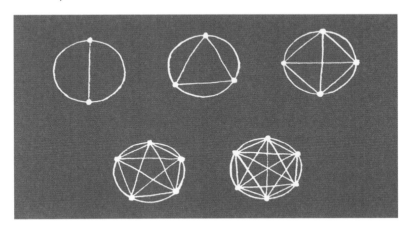

Fica bom, não fica? Cada traço representa um aperto de mão. Aí, é só contar quantos são.

— 1, 3, 6, 10, 15... Como antes — disse Robert. — Eu só não entendo uma coisa. Será que você poderia me contar como é que com você tudo dá certo?

— Mas isso é que é diabólico na matemática. Tudo dá certo. Está bem, melhor dizermos, quase tudo. Os números primos, você sabe, têm lá seus truques. E, no mais, tem-se também que prestar uma atenção danada, senão a gente se perde fácil, fácil. Mas, de um modo geral, tudo na matemática é realmente muito bem arrumadinho. É isso que tanta gente detesta nela. Eu, porém, não suporto folgados e porcalhões, e eles também, aliás, não gostam de números. A propósito, dá só uma olhada pela janela. Esse pátio da escola de vocês está um verdadeiro chiqueiro!

Isso Robert teve que admitir, pois por toda parte viam-se latas vazias de refrigerantes, pedaços de gibis e de papel de pão.

— Se três de vocês pegassem uma vassoura, em meia hora o pátio estaria com um aspecto bem melhor.

— E quais seriam esses três? — perguntou Robert.

— Albert, Bettina e Charlie, por exemplo. Ou Doris, Enzio e Felicitas. E ainda sobram Gerhard, Heidi, Ivan, Jeannine e Karol.

— Mas você disse que só três já bastam.

— É verdade — retrucou o diabo dos números —, mas quais três?

— A gente pode combiná-los à vontade — disse Robert.

— Com certeza. Mas e se não estão todos presentes? E quando só temos mesmo três: Albert, Bettina e Charlie?

— Então tem que ser eles.

— Muito bem. Escreva na lousa!

Robert escreveu:

$$A B C$$

— E se a Doris chegar também, o que nós fazemos? Aí haverá mais possibilidades.

Robert pensou um pouco. Depois, escreveu:

ABC   ABD   ACD   BCD

— 4 possibilidades — respondeu.

— Digamos que, coincidentemente, o Enzio também dê uma passadinha por aqui. E, já que está aqui, por que não ajudar também? Agora temos 5 candidatos. Experimente com 5.

Mas Robert não quis.

— Então já diz de uma vez o resultado! — protestou ele nervoso.

— Tudo bem. Com 3 pessoas, podemos formar só 1 grupo de 3. Com 4 pessoas, vamos ter 4 grupos diferentes, e, com 5, 10 grupos. Vou escrever na lousa para você:

PESSOAS   **GRUPOS:**

3	ABC								
4	ABC	ABD		ACD			BCD		
5	ABC	ABD	ABE	ACD	ACE	ADE	BCD	BCE	BDE	CDE

— Mas há uma outra coisa especial nesta lista.

163

Eu a coloquei em ordem alfabética, como você está vendo. Agora, quantos grupos começam com Albert? 10. Quantos com Bettina? 4. E somente 1 começa com Charlie. Nesta nossa brincadeira, sempre os mesmos números vivem reaparecendo:

$$1, 4, 10 \cdots$$

Adivinhe só o que vem a seguir. Quero dizer, se acrescentarmos mais algumas pessoas, como, por exemplo, Felicitas, Gerhard, Heidi, e assim por diante. Quantos grupos de 3 nós teríamos então?

— Não faço ideia — respondeu Robert.

— Você ainda se lembra como resolvemos o problema dos apertos de mão, com todos se despedindo de todos?

— Foi fácil, com a ajuda dos números triangulares:

$$1, 3, 6, 10, 15, 21 \cdots$$

Mas isso não serve para as nossas tropas da vassoura, trabalhando em grupos de 3.

— Não, não serve. Mas se você somar os dois primeiros números triangulares...

— A soma dá 4.

— E acrescentando o número seguinte?

— 10.
— E pegando o próximo também?
— 10 + 10 = 20
— Pois então!
— E eu continuo somando até chegar ao décimo primeiro? Ah, você não pode estar falando sério...
— Não se preocupe. Não precisa. Não precisa fazer a conta, não precisa experimentar para ver, e não precisa de ABCDEFGHIJK.
— Como assim?
— Nós temos o nosso bom e velho triângulo dos números — explicou o velho.
— E você vai querer desenhá-lo aqui na lousa?
— Não. Nem pensar. Isso seria uma chateação. Mas eu estou com a minha bengala aqui.

O diabo dos números tocou então a lousa com sua bengala, e lá surgiu o triângulo, com toda a pompa e circunstância, e, além do mais, em quatro cores.

— Mais fácil do que isso impossível, hein? — comentou o velho diabo dos números. — No caso dos apertos de mão, você simplesmente conta os cubos verdes, de cima para baixo: 2 pessoas, 1 aperto de mão; 3 pessoas, 3 apertos de mão; 11 pessoas, 55. Agora, para o nosso trio da vassoura, você precisará dos cubos vermelhos. De novo, é só contar de cima para baixo. Começamos com 3 pessoas, e aí vamos ter só 1 possibilidade. Se

você puder escolher entre 4 pessoas, então vai ter 4 combinações à disposição; com 5 pessoas, as combinações já serão 10. E o que acontecerá se houver 11 alunos presentes?

— Serão 165 possibilidades — respondeu Robert. — Isso é mesmo muito fácil. Este triângulo dos números é quase tão bom quanto um computador. Mas para que servem então os cubos amarelos?

— Ah, você já sabe que eu não me dou por satisfeito tão facilmente — disse o velho. — Nós, os diabos dos números, sempre exageramos tudo. O que você faz se 3 pessoas não forem suficientes para o trabalho? Bom, aí você vai precisar de 4, é claro. E a fileira amarela lhe dirá então quantas possibilidades existem de se formar um quarteto a partir de, por exemplo, 8 pessoas.

— 70 — disse Robert, pois ele já tinha aprendido muito bem como encontrar a resposta no triângulo.

— Exatamente — concordou o diabo dos números. — E, sobre os cubos azuis, nem vou falar...

— Eles são para os grupos de 8, suponho. Se só tenho 8 pessoas à minha disposição, não preciso pensar muito. Aí vou ter só 1 possibilidade. Mas, com 10 candidatos, já posso formar 45 grupos diferentes. E assim por diante.

— Você já entendeu.

— Agora eu só queria saber como está o pátio lá fora — disse Robert.

Ele olhou pela janela, e vejam só: o pátio da escola estava limpo e arrumado como nunca.

— Fico me perguntando quais foram os três que pegaram as vassouras.

— Seja como for, não foi você, meu caro Robert — disse o diabo dos números.

— E como é que eu posso varrer o pátio da escola se tenho que passar a noite inteira me matando com números e cubos?

— Ora, admita que você achou divertido — disse o velho.

— E agora? Você volta logo?

— Primeiro, vou tirar umas férias — respondeu o diabo dos números. — Mas enquanto isso você pode conversar com seu professor Bockel.

Eis aí algo que Robert não estava lá com muita vontade de fazer, mas que outra alternativa ele tinha? Na manhã seguinte, precisou ir de novo à escola.

Quando chegou em sua classe, Albert, Bettina e os outros já estavam sentados em seus lugares. Ninguém estava louco para trocar de lugar com ninguém.

— Lá vem o nosso gênio da matemática — disse Charlie.

— É, o nosso Robert aprende até mesmo dormindo — alfinetou Bettina.

— E vocês acham que isso adianta alguma coisa para ele? — perguntou Doris.

— Duvido — gritou Karol. — O professor Bockel não vai mesmo com a cara dele.

— E vice-versa — retrucou Robert. — Não faço questão nenhuma!

Antes de o professor Bockel chegar, Robert lançou ainda um rápido olhar pela janela.

"Como sempre", pensou ao ver o pátio da escola. "Um verdadeiro lixão! Não dá mesmo para confiar naquilo que a gente sonha. A não ser nos números: neles, a gente pode acreditar."

E foi então que entrou o inevitável professor Bockel, com sua pasta cheia de rosquinhas.

A nona noite

Robert sonhou que estava sonhando. Era um hábito que tinha adquirido. Toda vez que sonhava alguma coisa desagradável, como, por exemplo, que estava se equilibrando numa perna só sobre uma pedra escorregadia no meio de um rio caudaloso, sem poder ir para a frente ou para trás, ele rapidamente pensava: "É horrível, mas é só um sonho".

Então pegou uma gripe e, com febre, tendo que ficar na cama o dia inteiro, o velho truque não lhe serviu de muita coisa, pois Robert sabia muito bem: "Esses sonhos que a gente tem quando está com febre são os piores". Lembrou de uma vez que estivera doente e tinha ido parar no meio de um vulcão em erupção. Montanhas cuspindo fogo o haviam arremessado para o céu, e ele estivera prestes a despencar bem devagar, terrivelmente devagar, lá de cima, rumo à goela do vulcão... Não gostava nem de pensar naquilo.

Por isso, tentava permanecer acordado, embora sua mãe dissesse a toda hora:

— O melhor é você dormir para acabar de vez com essa gripe. Não leia tanto! Isso não faz bem.

Assim, depois de ter lido 12 gibis de cabo a rabo, estava tão cansado que seus olhos se fecharam.

E ele teve um sonho muito, muito estranho. Sonhou que estava de cama com gripe e que, sentado na cama a seu lado, estava o diabo dos números.

"O copo d'água está lá, em cima do criado-mudo", pensou. "E eu estou fervendo, com febre. Acho que nem sequer adormeci."

— Ah, é? — disse o velho. — E eu? Você está sonhando comigo ou será que estou mesmo aqui?

— Também não sei — respondeu Robert.

— E tanto faz. Em todo caso, como você está com gripe, eu quis lhe fazer uma visita. E quem está doente deve ficar em casa, em vez de ir passear pelo deserto ou contar coelhos numa plantação de batatas. Portanto, pensei comigo, vamos ter uma noite calma, sem grandes truques. E, para que a gente não acabe se chateando, convoquei alguns números também. Você sabe que eu não vivo sem eles. Mas não se preocupe: são totalmente inofensivos.

— Isso é o que você sempre diz — comentou Robert.

Foi então que bateram na porta, e o diabo dos números respondeu: "Entrem!". Imediatamente, eles entraram marchando, e tantos de uma só vez que de repente o quarto de Robert estava superlotado. Ele se admirou da quantidade de gente que cabia entre a porta e sua cama. E achou que os visitantes pareciam ciclistas ou corredores participando de alguma maratona, pois cada um trazia o seu próprio número estampado numa camiseta branca. O quarto era bem pequeno, mas quanto mais números se espremiam lá dentro, maior ele parecia ficar. A porta ia se afastando sem parar, até que mal se podia vê-la, bem lá no fim de um corredor em linha reta.

Os números riam e conversavam entre si, até que o diabo dos números gritou alto feito um sargento:

— Atenção! Primeira sequência, em formação!

No mesmo instante, todos se posicionaram numa longa fileira de costas para a parede; primeiro o 1, e todos os demais a seu lado.

— E o 0, onde está? — perguntou Robert.

— Apresentar-se, 0! — gritou o diabo dos números.

Ele havia se escondido embaixo da cama. Agora, engatinhando para fora dali, disse sem jeito:

— Pensei que não fossem precisar de mim. Estou me sentindo mal, acho que peguei uma gripe. Com todo o respeito, peço uma licença médica.

— Dispensado! — gritou o velho, e o 0 engatinhou de volta para debaixo da cama de Robert.

— Bom, ele é mesmo um pouco diferente, o 0. Está sempre querendo alguma coisinha a mais. Mas, quanto aos outros, você notou como eles são obedientes?

E, satisfeito, o diabo dos números contemplava os números comuns em formação:

— Segunda sequência, em formação! — convocou ele, e, de imediato, novos números afluíram de toda parte, um tropel de pés se arrastando, até que, por fim, posicionaram-se na ordem correta:

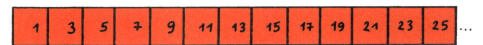

Estes estavam bem à frente dos anteriores dentro do quarto (se é que ainda se podia chamar aquilo de "quarto", pois, nesse meio-tempo, ele se tornara mais parecido com um longo e infindável cubículo) e vestiam camisetas vermelhas.

— Ah-ah — disse Robert —, estes são os ímpares.

— Certo, mas agora adivinhe só quantos são, comparados aos de camiseta branca em pé junto à parede.

— Isso é óbvio — respondeu Robert. — De cada dois números, um é ímpar. Portanto, os de vermelho são a metade dos de branco.

— Então você acha que a quantidade de números comuns é o dobro da de números ímpares?

— É claro.

O diabo dos números começou a rir. Não era

uma risada simpática, porém. Para Robert, era quase como uma risada sarcástica.

— Vou ter que decepcioná-lo, meu caro — disse o velho. — A quantidade de ambos é exatamente a mesma.

— Não pode ser! — exclamou Robert. — *Todos* os números não podem ser iguais à *metade* deles. Isso não faz sentido!

— Preste atenção. Eu vou lhe mostrar.

Voltou-se para seus números e gritou:

— Primeira e segunda sequências: dar as mãos!

— Por que você grita assim com eles? — perguntou Robert irritado. — Isto aqui está parecendo um quartel. Será que não dava para ser um pouco mais gentil?

Mas seu protesto foi em vão, pois agora cada um dos de branco já dera a mão a cada um dos de vermelho, e de repente lá estavam eles, como soldadinhos de chumbo:

1	2	3	4	5	6	7	8	9	10	11	12	13	...
1	3	5	7	9	11	13	15	17	19	21	23	25	...

— Está vendo? A cada número comum, do 1 até lá longe, corresponde um número ímpar, também desde o 1 até lá longe. Ou será que você pode me apontar um único entre os números de camiseta vermelha que tenha ficado sem o seu companheiro? Ou seja, a quantidade dos números comuns é tão infinita quanto a dos números ímpares. São ambos infinitos.

Robert pensou por um instante.

— Isso quer dizer que, se eu dividir o infinito por 2, o resultado será 2 vezes o infinito? Se fosse assim, o todo seria igual à metade!

— Certamente — disse o diabo dos números. — E não é só isso.

O velho puxou um apito do bolso e apitou.

Imediatamente, do fundo do quarto interminável, surgiu uma nova turma de números. Dessa vez, vestiam camisetas verdes, e zanzaram barulhentos de um lado para o outro até que seu mestre gritou:

— Terceira sequência, em formação!

Não demorou muito, os verdes já haviam se posicionado à frente dos vermelhos e dos brancos:

— Ah, estes são os números primos — constatou Robert.

O velho apenas fez que sim com a cabeça. Depois, soprou de novo seu apito, e, aliás, quatro vezes seguidas. Agora, o quarto de Robert tinha de fato virado um inferno. Um pesadelo! Quem poderia imaginar que num único quarto, ainda

"Entrem!", respondeu o diabo dos números. Imediatamente, eles entraram marchando, e tantos de uma só vez que de repente o quarto de Robert estava superlotado.

que ele tivesse sido espichado e parecesse estender-se da Terra até a Lua, caberia uma quantidade tão gigantesca de números? Já não se podia nem respirar ali dentro. A cabeça de Robert ardia mais do que uma lâmpada acesa.

— Chega! — gritou ele. — Não aguento mais.

— Isso é só uma gripe — disse o diabo dos números. — Amanhã você já vai estar bom de novo.

E continuou dando seus comandos:

— Ouçam todos! Sequências quatro, cinco, seis e sete, em formação! Rápido, por favor!

Robert abriu os olhos, que já queriam se fechar, e viu sete tipos diferentes de números, em camisetas brancas, vermelhas, verdes, azuis, amarelas, pretas e cor-de-rosa, todos enfileirados e ordenados uns atrás dos outros, e em pé em seu quarto espichado até o infinito:

1	2	3	4	5	6	7	8	9	10	11	12	13	14	15	...
1	3	5	7	9	11	13	15	17	19	21	23	25	27	29	...
2	3	5	7	11	13	17	19	23	29	31	37	41	43	47	...
1	1	2	3	5	8	13	21	34	55	89	144	233	377	610	...
1	3	6	10	15	21	28	36	45	55	66	78	91	105	120	...
2	4	8	16	32	64	128	256	512	1024	2048	4096	8192	16384		...
1	2	6	24	120	720	5040	40320	362880		3628800		39916800			...

Os últimos números nas camisetas cor-de-rosa, ele já quase não conseguia ler, pois eram tão compridos que mal cabiam no peito dos que os vestiam.

— Nossa, mas eles crescem tão depressa que é de dar medo — disse Robert. — Aí eu já não consigo acompanhar.

— Bum! — disse o velho. — São aqueles números com o ponto de exclamação:

$$3! = 1 \times 2 \times 3$$
$$4! = 1 \times 2 \times 3 \times 4$$

e assim por diante. Eles avançam mais rápido do que se pensa. Mas e os outros? Você os conhece?

— Os vermelhos, nós já vimos: são os ímpares; e os verdes são os números primos. Os azuis, eu não sei, mas me parecem conhecidos.

— Pense nos coelhos!

— Ah, é, são os de Bonatchi. E os amarelos são os triangulares, provavelmente.

— Nada mau, meu caro Robert. Com gripe ou sem gripe, você está progredindo como aprendiz de feiticeiro.

— Pois é, e os pretos são simplesmente números saltando: 2^2, 2^3, 2^4, e assim por diante.

— E cada tipo existe em quantidades iguais — completou o diabo dos números.

— Infinitos — suspirou Robert. — Isso é que é terrível. Toda essa multidão de números...

— Sequências de um a sete, dispensadas! berrou o velho mestre.

E um novo se arrastar, e se apertar, e se acotovelar, e bater os pés, e se empurrar teve início. Somente depois que os números todos saíram fez-se um magnífico silêncio, e o quarto de Robert voltou a ficar vazio e pequeno como era antes.

— Agora, antes de mais nada, eu estou precisando de um copo d'água e de uma aspirina — disse Robert.

— E descanse bem, para amanhã já estar em forma de novo.

O diabo dos números chegou mesmo a cobri-lo.

— Você só precisa manter os olhos abertos — disse ele. — O resto eu escrevo no teto para você.

— Que resto?

— Bom — disse o velho, que já começara de novo a girar sua bengala —, nós mandamos embora as sequências porque elas fazem muito barulho e emporcalham todo o quarto. Agora é a vez das séries.

— Séries? Que séries?

— Ora — começou o diabo dos números —, o fato é que os números nem sempre se apresentam apenas um ao lado do outro, como soldadinhos de chumbo. O que acontece quando eles se unem? Quero dizer, quando a gente os soma?

"Agora, antes de mais nada, eu estou precisando de um copo d'água e de uma aspirina", disse Robert. Mas o velho já começara de novo a girar sua bengala.

— Não estou entendendo nada — espantou-se Robert.

Mas aí o velho já tinha escrito a primeira série no teto do quarto.

— Você não disse que eu devo descansar? — perguntou Robert.

— Não seja tão resmungão, você só precisa ler o que está escrito lá em cima:

$$\frac{1}{2} + \frac{1}{4} + \frac{1}{8} + \frac{1}{16} + \frac{1}{32} + \frac{1}{64} \cdots =$$

— Mas isso são frações! — exclamou Robert revoltado. — Que diabo!

— Perdão, mas elas são bem simples, você não acha?

— Metade mais um quarto mais um oitavo mais um dezesseis avos, e assim por diante. Em cima está sempre um 1; embaixo, o 2 saltando, aqueles números de camiseta preta: 2, 4, 8, 16... Nós já sabemos como isso continua.

— Sim, mas, se somarmos todas essas frações, qual será o resultado?

— Não sei — respondeu Robert. — Como a série nunca termina, o resultado provavelmente será infinito. Por outro lado, $\frac{1}{4}$ é menor do que $\frac{1}{2}$, $\frac{1}{8}$ é menor do que $\frac{1}{4}$ etc., e, portanto, estamos juntando números cada vez menores.

Os números desapareceram do teto do quarto.

Robert olhava fixo para cima e tudo o que via era um longo traço:

— Ah-ah — disse ele, passados alguns instantes. — Acho que estou entendendo. Tudo começa com ½. A ele, eu somo a metade de ½, ou seja, ¼

E o que Robert disse foi logo aparecendo no teto do quarto, preto no branco:

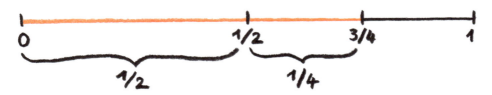

— E, então, continuo fazendo a mesma coisa. Vou somando sempre a metade. A metade de ¼ é ⅛, a metade de ⅛, 1/16, e assim por diante. Os pedaços que eu vou somando serão cada vez menores, até ficarem tão minúsculos que eu nem vou mais poder vê-los, mais ou menos como no caso daquele chiclete que nós repartimos. E vou

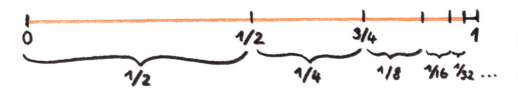

fazendo assim até não poder mais. Aí, vou chegar *quase* no 1: muito perto, mas nunca nele.

— Vai chegar nele, sim. Basta você seguir adiante, até o dia de São Nunca.

— É, mas não estou com vontade de fazer isso agora. Afinal, estou com gripe, de cama.

— De qualquer modo — prosseguiu o velho —, você já sabe como essa história continua, e no que vai dar. Sim, porque *você* pode se cansar, mas os números nunca se cansam.

No teto do quarto, o longo traço desapareceu, e, em seu lugar, lia-se:

$$\frac{1}{2} + \frac{1}{4} + \frac{1}{8} + \frac{1}{16} + \frac{1}{32} + \frac{1}{64} \cdots = 1$$

— Excelente! — exclamou o diabo dos números. — Maravilha! Mas vamos em frente!

— Estou cansado. Eu preciso dormir!

— Mas o que é que você quer? — perguntou o velho. — Você já está dormindo. Afinal, está sonhando comigo, e só se pode sonhar quando se está dormindo.

Robert foi obrigado a concordar, ainda que estivesse se sentindo cada vez mais perto de ter uma cãibra no cérebro.

— Está bem — disse. — Só mais *uma* de suas ideias malucas, mas depois eu quero sossego.

O diabo dos números ergueu sua bengala e

estalou os dedos. Lá em cima, no teto, apareceram de novo alguns números:

$$\frac{1}{2} + \frac{1}{3} + \frac{1}{4} + \frac{1}{5} + \frac{1}{6} + \frac{1}{7} + \frac{1}{8} + \cdots =$$

— Exatamente a mesma coisa de antes — disparou Robert. — Também essa série eu posso ir somando até onde eu quiser. Cada novo número é menor do que o anterior. E, provavelmente, o resultado será 1 outra vez.

— Você acha? Então vamos examinar esse problema um pouco mais de perto. Vamos pegar os dois primeiros números.

No teto, ficaram apenas os dois primeiros membros da série:

$$\frac{1}{2} + \frac{1}{3}$$

— Quanto dá isso?
— Eu sei lá — murmurou Robert.
— Não se faça de mais bobo do que você é — repreendeu-o o diabo dos números. — O que é maior: ½ ou ¼?

— ½, é claro! — exclamou Robert irritado. — Você acha que eu sou idiota?
— Não, meu caro. Mas, por favor, diga-me só mais uma coisa: entre ⅓ e ¼, qual é maior?

— ¹/₃, é evidente.

— Pois bem. Então nós temos duas frações que são ambas maiores do que ¹/₄. E quanto são ²/₄?

— Que pergunta boba... ²/₄ são ¹/₂.

— Está vendo?

$$\frac{1}{2} + \frac{1}{3} \text{ e, portanto, maior do que } \frac{1}{4} + \frac{1}{4}$$

E se, agora, tomarmos os quatro números seguintes da série e os somarmos, vamos de novo obter um resultado maior do que ¹/₂:

$$\frac{1}{4} + \frac{1}{5} + \frac{1}{6} + \frac{1}{7}$$

— Isso é complicado demais para mim — resmungou Robert.

— Besteira! — gritou o diabo dos números. — Qual o maior: ¹/₄ ou ¹/₈?

— ¹/₄.

— E entre ¹/₅ e ¹/₈?

— ¹/₅.

— Certo. E será a mesma coisa com ¹/₆ e ¹/₇. Das quatro frações:

$$\frac{1}{4}, \quad \frac{1}{5}, \quad \frac{1}{6}, \quad \frac{1}{7}$$

cada uma delas é maior do que ⅛. E quanto são
⁴⁄₈?

Contrariado, Robert respondeu:

— ⁴⁄₈ são precisamente ½.

— Maravilha. Então temos:

$$\underbrace{\frac{1}{2}}_{\substack{\text{maior do} \\ \text{que } \frac{1}{2}}} + \underbrace{\frac{1}{3} + \frac{1}{4} + \frac{1}{5} + \frac{1}{6} + \frac{1}{7}}_{\substack{\text{maior do} \\ \text{que } \frac{1}{2}}} + \underbrace{\frac{1}{8} + \frac{1}{9} + \frac{1}{10} + \frac{1}{11} + \frac{1}{12} + \cdots \frac{1}{16} + \frac{1}{17}}_{\substack{\text{maior do} \\ \text{que } \frac{1}{2}}} \cdots$$

E por aí vai, até o dia de São Nunca. Como você vê, já os seis primeiros números dessa série darão um resultado maior do que 1, se a gente os somar. E nós poderíamos ir em frente, até onde quiséssemos.

— Não, por favor, não — disse Robert.

— Mas, *se* continuássemos (não tenha medo, nós não vamos fazer isso), onde é que chegaríamos?

— No infinito, suponho — respondeu Robert. — Isso é verdadeiramente diabólico!

— O único problema é que demoraria um tempão — explicou o diabo dos números. — Mesmo que conseguíssemos fazer as contas com uma rapidez absurda, acho que levaríamos a vida toda só para chegar até mil. E isso porque essa soma avança muito lentamente.

— Então é melhor deixar para lá — sugeriu Robert.

— É, vamos deixar para lá.

Os números no teto foram se apagando bem devagar; em silêncio, também o velho mestre desapareceu, e o tempo passou. Robert acordou com o sol fazendo-lhe cócegas no nariz. Ao pôr a mão sobre sua testa, a mãe dele disse:

— Graças a Deus, acabou a febre!

E Robert então já tinha esquecido como era fácil e lento ir escorregando desde o 1 até o infinito.

A décima noite

Robert estava sentado em cima de sua mochila, no meio da neve. O frio subia por suas pernas e braços, e não parava de nevar. Não se via luz, casa ou gente em nenhuma parte. Era uma verdadeira tempestade de neve! E estava escuro também. Se continuasse daquele jeito, babau! Seus dedos já estavam duros e insensíveis de tanto frio. Não tinha ideia de onde se encontrava. No polo norte, talvez?

Azul de frio e se congelando, Robert tentava desesperadamente se aquecer dando tapinhas no corpo. Afinal, não queria morrer congelado! Ao mesmo tempo, porém, um segundo Robert se achava sentado com todo o conforto em sua cadeira de vime, vendo o primeiro tremer. "Então a gente pode também sonhar com a gente mesmo", pensou ele.

Os flocos de neve soprando no rosto do primeiro Robert, lá fora no frio, tornaram-se cada vez maiores, e o segundo Robert, o Robert verdadeiro sentado na cadeira quentinha, viu que não havia um único floco igual ao outro. Todos aqueles flocos grandes e macios eram diferentes entre si. Em geral, tinham seis pontas ou raios.

E, examinando melhor, descobria-se que o padrão se repetia: estrelas de seis pontas dentro de uma estrela de seis pontas; raios que se ramificavam em outros cada vez menores; dentes dando origem a outros dentes.

Foi então que sentiu um toque no ombro, e uma voz bem conhecida disse:

— Não são maravilhosos estes flocos?

Era o diabo dos números, sentado bem atrás dele.

— Onde é que eu estou? — perguntou Robert.

— Um minutinho. Vou acender a luz — respondeu o velho.

Estrelas de seis pontas dentro de uma estrela de seis pontas; raios que se ramificavam em outros cada vez menores. "Não são maravilhosos estes flocos?"

De repente, o lugar se fez claro como o dia, e Robert notou que estava num cinema, uma sala pequena e elegante com duas fileiras de poltronas vermelhas.

— Uma sessão privada — disse o diabo dos números. — Só para você!

— Eu já estava pensando que iria ter que congelar — respondeu Robert.

— Era só um filme. Olhe aqui, trouxe uma coisa para você.

Dessa vez não era uma mera calculadora. Nem era algo verde e molenga ou grande feito um sofá: era de um cinza prateado, com uma pequena tela que se podia abrir e fechar.

— Um computador! — exclamou Robert.

— É isso aí — disse o velho. — Um tipo de notebook. Tudo o que você digitar vai aparecer na mesma hora na parede lá na frente. Além disso, você pode usar este mouse para desenhar diretamente na tela do cinema. Se quiser, começamos já.

— Mas, por favor, chega de tempestades de neve! Melhor fazer contas do que se congelar no polo norte.

— Então, você não quer digitar aí alguns números de Bonatchi?

— Você e os seus números de Bonatchi! — disse Robert. — O Bonatchi é mesmo o seu preferido, é?

Robert digitou, e, na tela do cinema, apareceu a sequência de Bonatchi:

$$1,1,2,3,5,8,13,21,34,55,89\cdots$$

— Agora, experimente dividi-los — sugeriu o velho mestre. — Sempre o da frente pelo de trás. O maior pelo menor.

— Está bem — respondeu Robert, e se pôs a digitar e digitar, curioso de ver o que apareceria na tela grande:

$$1:1 = 1$$
$$2:1 = 2$$
$$3:2 = 1,5$$
$$5:3 = 1,6666666666\cdots$$
$$8:5 = 1,6$$
$$13:8 = 1,625$$
$$21:13 = 1,61538415\cdots$$
$$34:21 = 1,61904761\cdots$$
$$55:34 = 1,61764705\cdots$$
$$89:55 = 1,61818181\cdots$$

— Que coisa maluca! — exclamou Robert. — De novo, aqueles números que não terminam nunca. Olha só aquele 18 mordendo o próprio rabo. E alguns outros são bem insensatos também.

— É, mas tem outra coisa aí — instigou o velho, fazendo Robert pensar.

Robert pensou um pouco e disse:

— Todos esses números oscilam para cima e para baixo. O segundo é maior do que o primeiro; o terceiro, menor do que o segundo; o quarto é, de novo, um pouquinho maior, e assim por diante. Sempre para cima e para baixo. Mas, quanto mais a gente avança, menos eles oscilam.

— E é exatamente assim. Conforme a gente vai pegando números maiores na sequência de Bonatchi, essa oscilação fica cada vez menor e em torno de um número intermediário, mais precisamente de:

$$1,618\ 033\ 989\ldots$$

Só não pense você que a história acaba aí, porque o que a gente encontra é um número insensato que não termina nunca. Você chega cada vez mais perto dele, mas, pode fazer quantas contas quiser, não chegará nunca no tal número.

— Ah, mas que legal.. — comentou Robert.

— É, os números de Bonatchi são mesmo cheios de truques. Mas *por que* os resultados oscilam em torno desse número esquisito?

— Isso não é nada de especial — afirmou o velho. — É o que todos fazem.

— O que você quer dizer com "todos"?

— Não precisam ser números de Bonatchi. Vamos pegar dois números supercomuns. Diga-me os dois primeiros que passarem pela sua cabeça.

— 17 e 11 — respondeu Robert.

— Ótimo. Agora, por favor, some esses dois.

— Isso eu faço de cabeça: 28.

— Maravilha. Vou lhe mostrar na tela como é que essa história continua:

$$11 + 17 = 28$$
$$17 + 28 = 45$$
$$28 + 45 = 73$$
$$45 + 73 = 118$$
$$73 + 118 = 191$$
$$118 + 191 = 309$$

— Já entendi — disse Robert. — E agora?

— Vamos fazer o mesmo que fizemos com a sequência de Bonatchi. Dividir! Experimente para você ver.

Na tela, iam aparecendo os números que Robert estava digitando, e o que se via era o seguinte:

$$17 : 11 = 1,545\ 454 \cdots$$
$$28 : 17 = 1,647\ 058 \cdots$$
$$45 : 28 = 1,607\ 142 \cdots$$
$$73 : 45 = 1,622\ 222 \cdots$$
$$118 : 73 = 1,616\ 438 \cdots$$
$$191 : 118 = 1,618\ 644 \cdots$$
$$309 : 191 = 1,617\ 801 \cdots$$

— O mesmo número maluco de antes — disse Robert. — Eu não entendo. Será alguma coisa que todos os números têm? E isso funciona mesmo *sempre* assim? Isto é, quaisquer que sejam os dois números que eu escolha? Tanto faz?

— Com certeza — disse o velho mestre. — Aliás, caso você tenha interesse, eu lhe mostro o que mais tem nesse 1,618...

Na tela, então, apareceu algo pavoroso:

$$1,618\cdots = 1 + \cfrac{1}{1 + \cfrac{1}{1 + \cfrac{1}{1 + \cfrac{1}{1 + \cfrac{1}{1 + \cfrac{1}{\cdots}}}}}}$$

— Uma fração! — gritou Robert. — Uma fração tão repugnante que até dói nos olhos, e que nunca termina! Eu odeio frações. O professor Bockel adora, e vive nos atormentando com elas. Por favor, livre-me desse monstro.

— Calma, não entre em pânico. Isso é só uma fração contínua. Mas é fantástico que nosso número maluco, 1,618..., saia de um monte de uns que vão ficando cada vez menores. Isso você tem que admitir.

— Tudo, admito tudo o que você quiser, mas me poupe das frações, principalmente das que nunca terminam.

— Está bem, está bem, Robert. Eu só queria que você se admirasse. Se a fração contínua o incomoda, então vamos fazer outra coisa. Vou desenhar um pentágono para você:

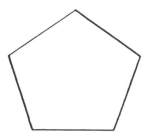

Cada lado desse pentágono tem comprimento igual a 1.

— 1 o quê? — Robert logo perguntou. — 1 metro, 1 centímetro ou o quê? Quer que eu meça?

— Ora, isso não faz diferença nenhuma.

Agora o velho estava um pouco irritado.

— Vamos dizer que cada lado do pentágono mede exatamente 1 quang. Cá entre nós, podemos combinar assim, não podemos? De acordo?

— Tudo bem. Por mim...

— Agora vou desenhar uma estrela vermelha dentro do pentágono:

A estrela compõe-se de cinco traços vermelhos. Por favor, escolha um desses traços, e eu lhe direi qual o comprimento dele. Exatamente 1,618... quang. Nem um pouco a mais, nem um pouco a menos.

— Mas isso é medonho! Pura bruxaria!

Robert estava impressionado. E o diabo dos números, lisonjeado, sorriu.

— Ah, mas não é nem o começo. Preste atenção. Agora vamos pegar a estrela e medir os dois trechos vermelhos que chamei de A e B.

— A é um pouquinho maior do que B — notou Robert.

— E digo logo quanto A é maior do que B, para você não precisar quebrar a cabeça. A é exatamente 1,618... vezes maior do que B. Aliás, a gente poderia continuar até o dia de São Nunca, como você já sabe, pois com nossa estrela acontece algo parecido com o que vimos nos flocos de neve: dentro da estrela vermelha tem um outro pentágono preto, e dentro desse pentágono preto uma outra estrela vermelha, e assim por diante.

— E sempre vai aparecer esse maldito número insensato? — perguntou Robert.

— Você decide. Se você ainda não se cansou dessa história...

— Não, não me cansei, de jeito nenhum — garantiu Robert. — Isso é bem interessante!

— Então pegue o seu notebook. Digite aí o número maldito. Vou ditá-lo para você:

$$1,618\ 033\ 989\cdots$$

Isso. Agora, subtraia 0,5:

$$1,618\ 033\ 989 - 0,5$$
$$= 1,118\ 033\ 989$$

O resultado, você dobra. Ou seja, multiplica por 2:

$$1,118\ 033\ 989 \times 2$$
$$= 2,236\ 067\ 977$$

Isso, e agora faça esse número saltar. Multiplique-o por ele mesmo. Para isso, você tem aí uma tecla própria, onde está escrito x^2:

$$2,236067977^2 = 5,000\ 000\ 000$$

— 5! — gritou Robert. — mas isso não é possível! Como é que pode dar 5? Exatamente 5?

— Pois é — disse satisfeito o diabo dos números. — Aí está o nosso pentágono de novo, com nossa estrela vermelha de cinco pontas dentro dele.

— Isso é mesmo diabólico! — disse Robert.

— E agora vamos dar uns nós na nossa estrela. Onde quer que duas linhas se cruzem ou se encontrem, a gente dá um nó:

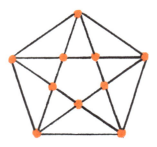

Conte quantos nós são.

— 10 — respondeu Robert.

— E conte também, por favor, quantas são as regiões em branco, que vamos chamar de "faces".

Robert contou 11.

— Agora precisamos ainda do número de linhas. Todas aquelas que vão de um nó a outro.

Isso demorou um tempinho, porque Robert se confundiu na contagem. Mas, por fim, ele descobriu quantas eram: 20 linhas.

— Exato — disse o velho. — E agora vou fazer uma conta para você ver:

$$10 + 11 - 20 = 1$$
$$(N + F - L = 1)$$

Se você somar os nós com as faces e, então, subtrair o número de linhas, o resultado será 1.

— E daí?

— Você deve estar pensando que isso só acontece com a nossa estrela de cinco pontas. Não! O legal é justamente que o resultado dessa conta será *sempre* 1, qualquer que seja a figura que você pegue. Por mais complicada e por mais irregular que ela seja. Experimente. Faça aí um desenho qualquer, e você logo vai ver.

E passou o computador para as mãos de Robert, que se pôs a desenhar com mouse na tela do cinema:

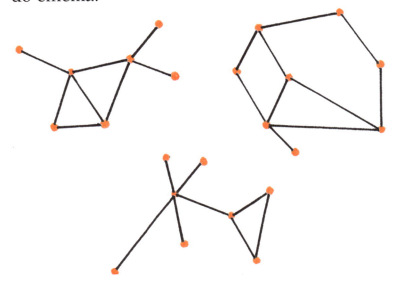

— Nem se dê o trabalho — disse o velho. — Eu já contei. A primeira figura tem 7 nós, 2 faces e 8 linhas. Isso dá 7 + 2 – 8 = 1. A segunda figura: 8 + 3 – 10 = 1. A terceira: 8 + 1 – 8 = 1. Sempre o mesmo 1! E, aliás, isso não vale apenas para figuras planas. Funciona também com cubos ou pirâmides ou diamantes lapidados. A única diferença é que, nesse caso, o resultado não será 1, e sim 2.

— Isso eu gostaria de ver.

— Olhe. Aquilo que você está vendo na tela agora é uma pirâmide:

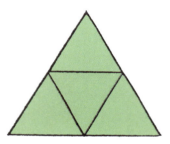

— Isso não é uma pirâmide nem aqui nem na China — disse Robert. — São triângulos.

— Está bem, mas o que acontece se você dobrar e colar as pontas?

E, de imediato, apareceu na tela o resultado, sem precisar de cola e tesoura:

— E com essas outras figuras você pode fazer o mesmo — disse o velho, criando diversos desenhos novos na tela:

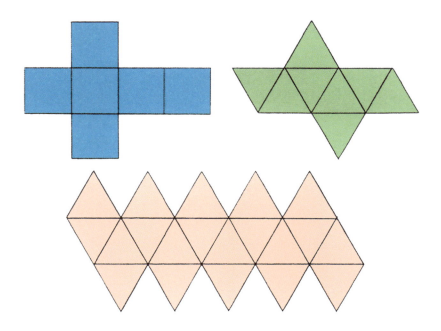

"Se é só isso", pensou Robert.

— Já montei figuras antes, mas eram bem diferentes destas. A primeira vai virar um cubo, se a gente dobrar as partes e colar. Mas e as outras duas?

— Veja. Eis o que elas vão formar: uma espécie de pirâmide dupla, com uma ponta para cima e outra para baixo, e um troço arredondado, composto de vinte triângulos exatamente iguais.

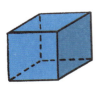  

E você pode até construir um tipo de esfera composta só de pentágonos. O pentágono é, afinal, nossa figura preferida. Desenhada no papel, ela fica assim:

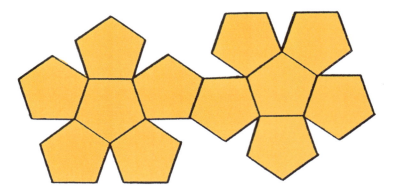

E, já colada, vai ficar assim:

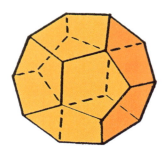

— Nada mau — disse Robert. — Talvez eu faça um desses para mim.

— Mas não agora, por favor. Agora eu prefiro voltar à nossa brincadeira com nós, linhas e faces. Vamos pegar primeiro o cubo, que é o mais fácil:

Robert contou 8 nós, 6 faces e 12 linhas.

— 8 + 6 − 12 = 2 — concluiu.

— Sempre 2! Tanto faz se a figura é torta ou complicada, o resultado será sempre 2. Nós mais faces menos linhas vai dar 2. E essa é uma lei imutável. Sim, meu caro rapaz, é isso que acontece com essas figuras de papel que você pode construir para você. Mas a mesma coisa acontece com os brilhantes no anel da sua mãe. E, provavelmente, até com os flocos de neve, só que eles sempre derretem antes que você consiga terminar de contar.

Enquanto o velho dizia essas últimas palavras, sua voz foi se tornando cada vez mais fraca, mais suave. A pequena sala de cinema escurecera também, e, na tela, começou de novo a nevar. Robert, porém, não teve medo. Sabia que estava sentado num cinema quentinho, onde não poderia se congelar de frio, ainda que tudo diante dele fosse ficando cada vez mais branco.

Ao acordar, notou que não estava deitado debaixo de uma camada de neve, mas debaixo de grossas cobertas brancas. Elas não tinham nós ou linhas pretas, e na verdade também não tinham faces propriamente ditas. E com certeza não se pareciam em nada com pentágonos. O belo computador cinza-prateado havia sumido também, é claro.

Qual era mesmo aquele número maldito? 1,6... Até aí ele ainda lembrava, mas o resto daquele número sem fim, já tinha esquecido.

Quem tem paciência e sabe lidar bem com tesoura e cola poderia tentar construir os modelos das últimas páginas, partindo dos triângulos, quadrados e pentágonos que os compõem. É claro que vocês precisariam desenhar pequenas abas também, a fim de poder colá-las, depois de recortadas.

Se vocês já construíram todos os cinco modelos e não estão cansados deste assunto, há ainda um objeto bastante refinado que vocês mesmos podem construir. Mas só se tiverem muita paciência e muito cuidado. Peguem uma folha bem grande de papel grosso (de pelo menos 35 x 20 cm, mas não pode ser papelão) e desenhem nela com a maior precisão possível a figura que se encontra na página seguinte. Todos os lados dos muitos triângulos precisam ser exatamente iguais. Seu comprimento, vocês podem definir por si próprios, de preferência uns 3 a 4 cm (ou 1 quang). Depois, recortem a figura. Com o auxílio de uma régua, dobrem para a frente as linhas vermelhas, e para trás as azuis. Aí, é só colar: a aba A do triângulo com a, B com b, e assim por diante. O que é que vai dar? Um anel muito louco composto de dez pequenas pirâmides que vocês poderão girar para a frente e para trás (mas cuidado!). E, ao fazerem isso, vão ver sempre aparecer um novo pentágono e uma estrela de cinco pontas. Aliás, adivinhem só o que acontecerá se vocês contarem os nós (ou vértices), as faces e as linhas e, então, fizerem esta conta:

$$N + F - L = \; ?$$

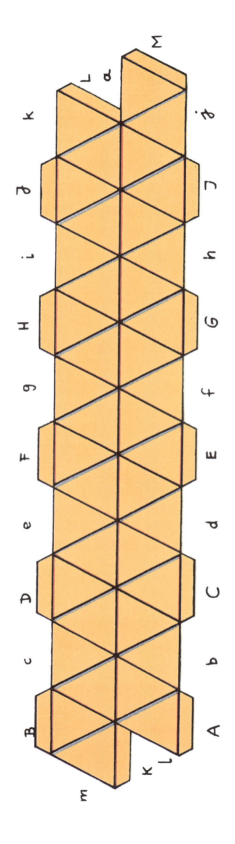

A décima primeira noite

Já era quase noite. Robert ia em disparada pelo centro da cidade, atravessando praças e ruas que não conhecia. Corria o máximo que podia, porque o professor Bockel estava atrás dele. Volta e meia seu perseguidor chegava tão perto que Robert podia ouvi-lo ofegar. "Pare aí!", gritava o professor Bockel, e Robert acelerava ainda mais, tentando escapar. Não tinha ideia do que o sujeito queria dele, ou do motivo por que ele próprio estava fugindo. "Ele nunca vai me pegar", era só o que pensava. "É muito mais gordo do que eu!"

Mas quando chegou na esquina seguinte, Robert viu à sua esquerda um segundo professor Bockel avançando em sua direção. Atravessou a rua voando, embora o sinal ainda estivesse fechado, e agora ouvia várias vozes atrás dele gritando:

— Robert, espere aí! Nós só queremos o seu bem!

Eram já quatro ou cinco Bockels no seu encalço. Das travessas, iam surgindo sempre mais professores, todos tão iguais ao seu perseguidor quanto um ovo é igual ao outro. E até na própria rua pela qual corria vinham agora outros atrás dele.

Robert gritou por socorro

Foi agarrado. A mão ossuda puxou-o da rua para o interior de uma galeria envidraçada. Graças a Deus! Era o diabo dos números, que lhe sussurrou:

— Venha! Eu conheço um elevador privativo que sobe até o último andar.

O elevador tinha espelhos dos quatro lados, de modo que Robert deparou com uma multidão infinita de diabos dos números e de meninos que eram cópias idênticas dele próprio. "É nisso que dá eu ficar me metendo com esses números infinitos!", pensou.

De qualquer forma, as vozes dos Bockels lá fora, na rua, haviam silenciado. Logo Robert e o diabo dos números chegaram ao quinquagésimo andar. A porta do elevador se abriu sem fazer barulho, e eles saíram para um magnífico terraço com jardim.

— Este sempre foi o meu sonho — disse Robert ao sentar com o diabo dos números num balanço hollywoodiano.

Na rua, lá embaixo, podiam enxergar uma aglomeração de pessoas que, vistas de cima, pareciam formigas.

— Eu não sabia que existiam tantos professores Bockel no mundo — disse Robert.

— Isso não tem importância nenhuma. Você não precisa ter medo deles — assegurou o velho.

"Eu não sabia que existiam tantos professores Bockel no mundo", disse Robert. *"Você não precisa ter medo deles"*, assegurou o velho.

— Uma coisa dessas só deve acontecer mesmo em sonho — murmurou Robert. — Ainda bem que você chegou, porque eu não estava mais conseguindo pensar direito.

— Mas é para isso que eu estou aqui. E aqui em cima ninguém vai nos incomodar. E então, o que é que há?

— A semana inteira, desde o nosso último encontro, eu fiquei pensando como as coisas que você me mostrou se encaixam. Tudo bem, você me ensinou um monte de truques, é verdade. Mas eu me pergunto: *por quê?* Por que o resultado desses truques é o que é? Por exemplo, o número maldito. Ou o 5. Por que os coelhos se comportam como se soubessem o que é um número de Bonatchi? Por que os números insensatos nunca terminam? E por que tudo o que você faz e diz dá certo *sempre?*

— Ah — disse o diabo dos números —, então é isso. Você não quer apenas brincar com os números? Quer saber o que há por trás deles? As regras do jogo? O sentido das coisas? Em resumo, você está se fazendo as perguntas que um matemático de verdade faria.

— Matemático ou não, o que você sempre fez, no fundo, foi apenas me *mostrar* as coisas; *provar* as coisas, você nunca provou.

— É verdade — disse o velho mestre. — Você me desculpe, mas o fato é que mostrar as coisas é fácil e divertido. Conjecturar coisas também não é nada mau. Experimentar se a conjectura está correta é ainda melhor. E isso nós fizemos o suficiente. O problema é que infelizmente isso tudo não basta. O que importa é a demonstração, e até você quer agora ter tudo demonstrado.

— É claro. Afinal, muito do que você me disse eu compreendo sem maiores problemas. Mas algumas coisas eu não entendo como funcionam, de que forma e por quê.

— Em suma, você está insatisfeito. Isso é bom. Por acaso você acha que um diabo dos números como eu algum dia ficaria satisfeito com o que descobriu? Nunca, nunquinha! E é por isso que ficamos sempre bolando novas provas. É um eterno ruminar e maquinar e cavoucar. Mas quando, enfim, uma luz aparece (e isso pode demorar muito tempo: na matemática, cem anos passam num piscar de olhos), ah, aí é claro que ficamos alegres feito crianças. Aí ficamos felizes.

— Você está exagerando. Provar as coisas não pode ser tão difícil assim.

— Você não faz ideia. Mesmo quando você acredita que compreendeu uma coisa, pode acontecer de você de repente esfregar os olhos e, então, ser obrigado a ver que algo está errado.

— Por exemplo?

— Provavelmente, você deve achar que entende a história dos números saltando. Só porque é fácil para você ir de 2 a 2 x 2 e a 2 x 2 x 2.

— É claro: 2^1 2^2, 2^3, e assim por diante. É muito fácil.

— Certo, mas o que acontece quando você salta 0 vezes? $1°$, $8°$ ou $100°$? Você sabe quanto dá isso? Quer que eu diga? Você vai rir, mas vai dar 1 de novo:

$$1° = 1, \quad 8° = 1, \quad 100° = 1$$

— Como assim? — perguntou Robert perplexo.

— Melhor nem perguntar... Eu poderia demonstrar para você que é assim, mas acho que você ficaria louco se eu fizesse isso.

— Experimente! — exclamou Robert furioso. Mas o diabo dos números não se deixou perturbar.

— Você já tentou — perguntou ele — atravessar um rio caudaloso?

— Ah, isso eu conheço bem, conheço muito bem! — exclamou Robert.

— A nado, não dá, porque a correnteza logo o arrastaria para longe. Mas, no meio do rio, tem algumas pedras. O que você faz então?

— Procuro pedras que estejam bem próximas, para que eu possa ir pulando de uma para outra. Assim, se tiver sorte, chego do outro lado. Se não, fico preso no meio do rio.

— E é exatamente a mesma coisa que acontece com as demonstrações. Mas, como há milênios a gente vem tentando de tudo para atravessar o rio, você não precisa começar do começo. Já são inúmeras as pedras do rio em que você pode confiar. Elas já foram testadas milhões de vezes. Não são escorregadias, não cedem e assim garantem um passo firme. Quando você tem uma ideia nova, uma conjectura, aí procura pela pedra mais próxima. E, se pode alcançá-la, vai pulando até chegar a terra firme. Se você prestar bastante atenção, não vai molhar os pés.

— Ah-ah — disse Robert. — Mas, no caso dos números, dos pentágonos ou dos números saltando, *onde* está a terra firme? Será que você pode me dizer isso?

— Boa pergunta — respondeu o diabo dos números. — A terra firme nesse caso são algumas afirmações tão simples que não há nada mais simples do que elas. Uma vez tendo chegado a essas afirmações, fim de papo. Elas valem como prova.

— E que afirmações seriam essas?

— Bom, por exemplo: para cada número comum, seja ele 14 ou 14 bilhões, existe um e um único sucessor, e este você encontra somando 1 àquele número. Ou: um ponto não pode ser dividido, porque ele não possui extensão. Ou: ligando dois pontos numa superfície plana, você

"A única coisa é que você precisa prestar uma atenção danada em cada pulo. Algumas pedras ficam muito distantes entre si. Se, mesmo assim, você tentar pular, vai cair na água."

só pode traçar uma única linha reta, e ela segue infinitamente em ambas as direções.

— Isso eu compreendo. Quer dizer que, partindo dessas afirmações e pulando sempre adiante, você chega nos números malditos ou de Bonatchi?

— Chego fácil. E vou muito mais adiante. A única coisa é que você precisa prestar uma atenção danada em cada pulo. Como no rio caudaloso. Algumas pedras ficam muito distantes entre si. E aí você vão pode pular de uma para outra. Se você tentar pular, vai cair na água. Para ir em frente, muitas vezes é preciso dar uma volta, dobrar várias esquinas, e, algumas vezes, não tem jeito mesmo. Então, pode ser que você tenha uma ideia tentadora mas não consiga provar que ela pode conduzi-la adiante. Ou então descobre que a sua bela ideia não era bela coisa nenhuma. Você ainda lembra do que lhe mostrei bem no comecinho? Daquela história de como se pode fazer aparecer todos os outros algarismos a partir do 1?

$$1 \times 1 = 1$$
$$11 \times 11 = 121$$
$$111 \times 111 = 12321$$
$$1111 \times 1111 = 1234321$$

E assim por diante. Bem que parecia que a gente poderia continuar fazendo os algarismos aparecerem dessa forma, não é?

— É, e você ficou furioso quando eu disse que tinha alguma coisa de errado aí. Bom, verdade que eu só disse aquilo para irritá-lo, porque não tinha mesmo a menor ideia do que estava falando.

— Ainda assim, você mostrou ter um bom faro. Eu continuei fazendo as contas e, de fato, ao chegar em:

$$1\,111\,111\,111 \times 1\,111\,111\,111$$

caí na água. De repente, comecei a só encontrar uma salada de algarismos. Você está me entendendo? O truque parecia bom e funcionava bem, mas, no final das contas, isso não adianta nada sem uma demonstração.

Como você pode ver, nem mesmo um esperto diabo dos números está livre de um tombo. Eu me lembro de um sujeito, Joãozinho da Lua era o seu nome, que teve uma ideia espetacular. Aí, ele a escreveu numa fórmula, e pensou que essa fórmula daria certo *sempre*. Então, o doido testou-a 1,5 bilhão de vezes, sempre com sucesso. Quase se matou de tanto fazer contas em seu computador gigante (com muito, muito maior precisão do que nós com nosso número maluco, o 1,618...) e, claro, convenceu-se de que sua fórmula seguiria dando certo. Assim, satisfeito, o bom Joãozinho relaxou e descansou. Mas não demorou muito, um outro diabo dos números (esqueci o nome dele) pôs-se a fazer ainda mais contas, e com precisão ainda maior. Bom, e o que ele descobriu? Que o Joãozinho da Lua tinha se enganado. Sua fórmula maravilhosa dava certo *quase* sempre, mas não *sempre*. Foi por pouco, mas apenas quase! Pois é, o pobre-diabo teve azar. Aliás, a história tinha a ver com os números primos. E os números primos são fogo, pode acreditar. Essa história de demonstrar é um inferno de difícil.

— Também acho — concordou Robert. — Até mesmo quando se trata de umas míseras rosquinhas. O professor Bockel, por exemplo, quando começa sua ladainha sobre *por que* leva tantas horas para que tantos padeiros façam tantas de suas eternas rosquinhas... Ah, isso dá nos nervos, e está longe de ser tão interessante quanto as suas mágicas.

— Eu acho que você está sendo injusto com ele. O seu professor Bockel precisa se arrebentar todo santo dia para corrigir as tarefas de vocês e não pode ficar pulando de uma pedra para a outra como nós, de acordo com seu humor e vontade. Ele tem um plano de aula para obedecer. Sinto muita pena dele, coitado. Aliás, eu acho que ele já foi para casa corrigir tarefas.

Robert deu uma olhada para a rua lá embaixo. E, de fato, estava tudo vazio e silencioso.

— Muitos de nós — prosseguiu o velho mestre — têm uma vida ainda mais dura que a do seu professor Bockel. Um de meus colegas mais velhos, por exemplo, o famoso lord Russell da Inglaterra, certa vez inventou de querer provar que $1 + 1 = 2$. Veja, eu copiei aqui nesta folha de papel o que ele fez:

*54·42. $\vdash :: \alpha \in 2 . \supset :. \beta \subset \alpha . \,!\beta . \beta \neq \alpha . \equiv . \beta \in \iota``\alpha$

　　Dem.

－. *54·4. $\supset \vdash :: \alpha = \iota`x \cup \iota`y . \supset :.$

　　　　　$\beta \subset \alpha . \exists ! \beta . \equiv : \beta = \Lambda . \lor . \beta = \iota`x . \lor . \beta = \iota`y .$

[*24·53·56. *51·161]　　$\equiv : \beta = \iota`x . \lor . \beta = \iota`y . \lor . \beta = \alpha : \exists ! \beta$

$\vdash . *54·25 . \text{Transp} . *52·22 . \supset \vdash : x \neq y . \supset . \iota`x \cup \iota`y$

[*13·12] $\supset \vdash : \alpha = \iota`x \cup \iota`y . x \neq y . \supset . \alpha \neq \iota`x . \alpha \neq \iota`y$ (2)

$\vdash . (1) . (2) . \supset \vdash :: \alpha = \iota`x \cup \iota`y . x \neq y . \supset :.$

　　　　$\beta \subset \alpha . \exists ! \beta . \beta \neq \alpha . \equiv : \beta = \iota`x . \lor . \beta = \iota`y :$

[*51·235]　　　　　　　$\equiv : (\exists z) . z \in \alpha . \beta = \iota`z$

[*37·6]　　　　　　　　$\equiv : \beta \in \iota``\alpha$　　(3)

$\vdash . (3) . *11·11·35 . *54·101 . \supset \vdash . \text{Prop}.$

*54·43. $\vdash :. \alpha , \beta \in 1 . \supset : \alpha \cap \beta = \Lambda . \equiv . \alpha \cup \beta \in 2$

　　Dem.

　　　$\vdash . *54·26 . \supset \vdash :. \alpha = \iota`x . \beta = \iota`y . \supset : \alpha \cup \beta \in 2 . \equiv x \neq y .$

　　　[*51·231]　　　　　　$\equiv . \iota`x \cap \iota`y = \Lambda .$

　　　[*13·12]　　　　　　$\equiv . \alpha \cap \beta = \Lambda$　(1)

　　　$\vdash . (1) . *11·11·35 . \supset$

　　　　$\vdash :. (\exists x , y) . \alpha = \iota`x . \beta = \iota`y . \supset : \alpha \cup \beta \in 2 .$

　　　　　　　　　　　$\equiv . \alpha \cap \beta = \Lambda$　(2)

　　　$\vdash . (2) . *11·54 . *52·1 . \supset \vdash . \text{Prop}.$

— Brrr! — fez Robert, chacoalhando-se. — Mas isso é horrível! E para que tudo isso? Que 1 + 1 = 2 até eu sei.

— Sim, isso o lord Russell também sabia, mas acontece que ele queria saber com certeza. E você está vendo até onde isso pode levar. Na verdade, existem montes de outros problemas que parecem tão simples quanto 1 + 1 = 2 mas que são terrivelmente difíceis de resolver. Por exemplo, uma viagem a passeio. Imagine que você está indo para os Estados Unidos e tem 25 conhecidos lá. Cada um deles mora numa cidade diferente, e você quer visitar todo o mundo. Então você pega um mapa e pensa na melhor maneira de fazer isso. Quer dizer, rodando o mínimo possível de quilômetros, para que você não precise gastar tanto tempo nem tanta gasolina. Qual a rota mais curta? Qual o melhor modo de encontrá-la? Parece bem fácil, não é? Mas, eu lhe garanto, muitos já quebraram a cabeça tentando descobrir. As maiores raposas entre os diabos dos números já tentaram roer esse osso, mas ninguém ainda conseguiu roê-lo de fato.

— Como assim? — admirou-se Robert. — Não pode ser tão difícil! Eu penso quantas possibilidades existem, desenho-as no meu mapa e então faço a conta para ver qual a rota mais curta.

— Certo — disse o velho. — Você monta, por assim dizer, uma rede com 25 nós.

— É evidente. Se quero visitar 2 amigos, só vai existir 1 rota: de A para B:

— 2. Você poderia também fazer o contrário: de B para A.

— Dá no mesmo — disse Robert. — E se são 3 os amigos?

— Então as possibilidades serão 6:

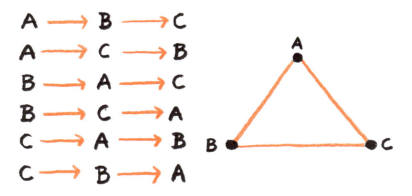

A distância, aliás, é sempre a mesma para qualquer uma dessas rotas. Mas, se são 4 os amigos, então começa a tortura da escolha:

— É — concordou Robert —, mas eu não estou com vontade de ficar contando todas essas rotas.

— São exatamente 24 — disse o diabo dos números. — Receio que seja um problema parecido com aquele sobre o lugar onde sentar na sua classe. Você com certeza se lembra da confusão que foi com o Albert, a Bettina, o Charlie etc., porque existiam várias possibilidades diferentes, diversas maneiras de sentar as pessoas uma ao lado da outra.

— Um caso muito claro! — Robert sabia a resposta. — Se são 3 alunos, 3 bum!; se são 4, 4 bum!, e assim por diante.

— E a mesmíssima coisa acontece com a sua viagem.

— Então onde está o problema insolúvel? Eu só preciso calcular quantas rotas são possíveis e, depois, escolher a mais curta.

— Ha! — exclamou o velho. — Tomara fosse assim tão fácil! O problema é que, com 25 amigos, já são 25 bum! possibilidades, e esse é um número pavoroso de grande. Mais ou menos:

1 600 000 000 000 000 000 000 000 000

Seria impossível verificar todas essas possibilidades para ver qual delas é a mais curta. Mesmo com o maior computador que existe você nunca chegaria ao fim.

— Ou seja: não dá.

— Depende muito. A gente vem quebrando a cabeça com isso faz muito tempo. Os mais inteligentes diabos dos números já tentaram todos os truques possíveis e chegaram à conclusão de que às vezes dá, às vezes não dá.

— Que pena — lamentou Robert. — Se só é possível resolver o problema às vezes, a solução fica pela metade.

— E o pior é que não conseguimos sequer provar de uma vez por todas que não existe uma solução perfeita. Sim, porque também isso já seria alguma coisa. Aí não precisaríamos mais continuar tentando. Teríamos pelo menos provado que não existe demonstração possível, e isso também seria enfim uma prova.

— Hum — murmurou Robert. — Então quer dizer que às vezes até os diabos dos números dão com os burros n'água? Isso já me deixa mais tranquilo. Eu estava achando que vocês podiam fazer suas mágicas quanto quisessem.

— Isso é o que parece. Quantas vezes você acha que já me aconteceu de não conseguir atravessar o rio? E aí fico contente só por conseguir voltar para minha velha e segura margem com os

231

sapatos secos. E Deus sabe que não quero afirmar que sou o maioral, mas com os grandes mestres entre os diabos dos números (e alguns deles você talvez ainda venha a conhecer) não é diferente. Isso, porém, significa apenas que a matemática nunca estará pronta e acabada. Felizmente, tenho que dizer. Sempre haverá algo por fazer, meu caro Robert. E, por isso mesmo, você vai me desculpar, mas eu vou indo. É que amanhã cedo quero estudar o algoritmo simplexo para superfícies de politopos...

— Estudar o quê?

— A melhor maneira de desfazer uma confusão. Por isso preciso estar bem descansado amanhã. Vou dormir agora. Boa noite!

O diabo dos números desapareceu. O balanço hollywoodiano onde ele estivera sentado continuou ainda balançando suave para a frente e para trás. Mas o que era aquilo: politopo? "Ora, tanto faz", pensou Robert. "O fato é que não preciso mais ter medo do professor Bockel. Se ele vier atrás de mim de novo, o diabo dos números com certeza vai me tirar do sufoco."

A noite estava quente, e era agradável sonhar daquele jeito no jardim do terraço. Robert continuou balançando, sem pensar em nada, até acordar com o dia já bem claro.

A décima terceira noite

Robert não sonhava mais. Não havia mais peixes gigantes querendo engoli-lo ou formigas subindo por suas pernas. Até mesmo o professor Bockel e seus muitos irmãos gêmeos o haviam deixado em paz. Não escorregava mais, não o trancavam num porão, e ele já não tinha que se congelar lá fora, na neve. Resumindo, dormia bem como nunca.

E isso era bom, mas, com o tempo, foi se tomando uma chatice. O que acontecera com o diabo dos números? Será que tinha tido uma boa ideia e não conseguira prová-la? Ou teria mergulhado de cabeça naquelas suas superfícies de politopos (ou fosse qual fosse o nome daquelas coisas de que ele falara da última vez)?

Será que, no final das contas, ele tinha simplesmente esquecido de Robert?

O fim dos sonhos! Eis o que isso significaria. E Robert não gostou nem um pouco da ideia. Sua mãe admirava-se de ele passar horas sentado no jardim, rabiscando nós e redes numa folha de papel para ver se descobria a maneira mais fácil de visitar um a um todos aqueles amigos inexistentes nos Estados Unidos.

— É melhor você ir fazer a sua tarefa — dizia ela então.

Certo dia, em plena aula de matemática, o próprio professor Bockel também o flagrou, dessa vez escondendo uma folha de papel embaixo da carteira.

— O que é isso aí, Robert? Mostre para mim!

Mas Robert já havia amassado a folha de papel com o grande e colorido triângulo dos números, e lançara a bola para seu amigo Charlie. Nele, podia confiar. Charlie cuidou de que o professor Bockel não ficasse sabendo do que Robert andava fazendo às escondidas.

Uma noite, Robert estava de novo dormindo tão pesado e tranquilo que nem sequer notou que alguém batia com insistência na porta de seu quarto.

— Robert! Robert!

Levou um bom tempo até ele acordar. Robert então levantou-se da cama e abriu a porta. Era o diabo dos números.

— Você voltou, finalmente! — exclamou Robert. — Eu já estava com saudade.

— Rápido — disse o velho. — Venha comigo! Eu tenho um convite para você. Olhe!

E tirou do bolso um convite impresso, com letras gravadas e bordas douradas. Robert leu:

> *Em mãos*
> *Por meio deste convida-se*
>
> **Robert**
> *discípulo do diabo dos números*
>
> **Teplotaxl**
>
> *para o grande jantar desta noite*
> *no inferno dos números/paraíso dos números*
> *Secretário-geral:*
>
> ﻙ ﺷﺍﺗﻟ ﻣﺎ ﺳﻰ

A assinatura era um desenho ilegível, mais parecendo persa ou árabe.

Robert vestiu-se o mais depressa que pôde.

— Então o seu nome é Teplotaxl? Por que você nunca me disse?

— Só os iniciados têm permissão para saber o nome de um diabo dos números — disse o velho.

— Quer dizer que eu agora sou um deles?

— Quase. Do contrário você não teria recebido um convite.

— Engraçado... — Robert murmurou. — O que significa isto: "no inferno dos números/paraíso dos números"? Ou é um ou é outro.

— Ora, paraíso dos números, inferno dos números... No fundo, é tudo a mesma coisa.

Ele estava em pé junto à janela e a escancarou.

— Você já vai ver. Está pronto?

— Estou — disse Robert, embora aquela história toda estivesse parecendo misteriosa demais para ele.

— Então suba nos meus ombros.

Robert receou que seu peso fosse excessivo para o franzino diabo dos números, que não era exatamente um gigante. Mas não quis contrariá-lo. E vejam só: mal tinha se acomodado nos ombros do velho, o mestre partiu janela afora com um salto portentoso, voando dali na companhia de Robert.

"Uma coisa dessas só acontece em sonho", pensou Robert.

E por que não? Uma viagem aérea sem turbinas, sem apertar o cinto de segurança, sem aquelas aeromoças idiotas sempre oferecendo brinquedos de plástico e cadernos para desenhar, como se a gente tivesse três anos de idade... Bem legal, para variar! Então, após um voo silencioso, o diabo dos números afinal aterrissou suavemente em um grande terraço.

— Chegamos — disse ele. E Robert desceu.

Estavam diante de um comprido e luxuoso palácio, todo iluminado.

— Mas onde foi que enfiei meu convite? —

Mal tinha se acomodado nos ombros do velho, o mestre partiu janela afora, voando dali na companhia de Robert. "Uma coisa dessas só acontece em sonho", pensou Robert.

perguntou-se Robert. — Acho que o esqueci em casa.

— Não tem importância — tranquilizou-o o diabo dos números. — Aqui, todo mundo que quiser realmente pode entrar. Mas quem é que sabe onde fica o paraíso dos números? É por isso que só uns poucos encontram o caminho.

De fato, a alta porta dupla estava aberta, e não havia ninguém para tomar conta de possíveis visitantes.

Os dois entraram, chegando a um corredor de comprimento incomum, repleto de portas. A maioria delas estava encostada; as outras, bem abertas.

Robert lançou um olhar curioso para o interior da primeira sala. Teplotaxl pôs o dedo indicador nos lábios e sussurrou: "Psiu!". Lá dentro estava sentado um homem muito velho, com os cabelos todos bem brancos e um nariz comprido. Falava sozinho:

— Os ingleses são todos mentirosos. Mas o que acontece quando *eu* digo isso? Afinal, eu também sou um inglês. Portanto, estou mentindo também. E, se é assim, o que acabei de afirmar não pode estar correto: ou seja, que todos os ingleses mentem. Se, contudo, eles dizem a verdade, então o que eu disse antes há de ser verdade também. O que quer dizer que mentimos sim!

E, enquanto assim murmurava, caminhava em círculos a passos pequenos, sem parar.

O diabo dos números acenou para Robert, e eles seguiram adiante.

— Esse é o pobre do lord Russell — o guia explicou a seu convidado. — Você sabe, aquele que provou que 1 + 1 = 2.

— E ele está um pouquinho gagá? Bom, não seria de admirar. Já é bem velhinho.

— Ah, não se iluda! O sujeito tem um pensamento afiadíssimo. E, além do mais, o que você quer dizer com "velho"? Lord Russell é um dos mais jovens na casa. Ainda não tem nem 150 anos nas costas.

— Então vocês têm gente ainda mais velha aqui no palácio?

— Isso você já vai ver — respondeu Teplotaxl. — No inferno dos números, quero dizer, no paraíso dos números as pessoas não morrem.

E chegaram diante de uma outra porta, também ela escancarada. Lá dentro estava sentado um homenzinho tão minúsculo que Robert somente o descobriu depois de procurar muito. A sala se encontrava lotada de objetos curiosos. Alguns deles eram grandes rosquinhas de vidro. "O professor Bockel gostaria delas", pensou Robert, "embora não se possa comê-las e seu formato seja estranho." Entrançavam-se de um modo pe-

culiar e tinham diversos buracos. E havia também uma garrafa de vidro verde.

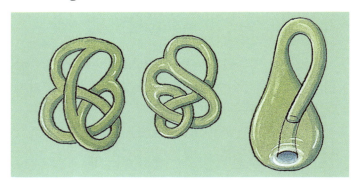

— Olhe bem para ela — sussurrou o diabo dos números no ouvido de Robert. — Não dá nem para saber qual o lado de dentro e qual o lado de fora.

Robert pensou: "Ora, isso não existe! Uma garrafa dessas só se vê em sonho".

— Imagine que você quisesse pintá-la de azul por dentro e de vermelho por fora. Não dá, porque ela não tem uma borda. Você nunca saberia onde o lado vermelho termina e o azul começa.

— E quem a inventou foi aquele senhor minúsculo ali? Ele caberia muito bem dentro de sua própria garrafa.

— Não fale tão alto! Sabe como ele se chama? Doutor Klein, é um nome que quer dizer "pequeno" em alemão. Venha, precisamos ir andando.

Passaram por diversas outras portas. Em muitas, via-se pendurada uma placa de papelão em que se lia: "Favor não incomodar". Pararam defronte a uma outra porta escancarada. As paredes e os móveis da sala estavam recobertos de uma fina camada de poeira.

— Isto não é poeira comum — disse Teplotaxl. — Tem mais grãos do que se pode contar. E o mais legal é que, se dessa poeira você pegar apenas o que caberia na ponta de uma agulha, essa quantidade minúscula conteria em si toda a poeira que há nesta sala. Este, aliás, é o professor Cantor, que foi quem inventou essa poeira. "Cantor" é latim, e significa "cantor" mesmo.

De fato, podia-se ouvir o habitante da sala, um senhor pálido, de cavanhaque e olhos saltados, cantando para si próprio:

— Infinito vezes infinito é igual a infinito! — E, ao fazê-lo, dançava nervoso em círculos. — Superinfinito vezes infinito é igual a superinfinito.

"Melhor ir embora depressa", pensou Robert.

Seu amigo bateu gentilmente numa das portas seguintes, e uma voz amistosa respondeu com um "entre". Teplotaxl tinha mesmo razão. Todos os habitantes do palácio eram tão velhos que, comparado a eles, o diabo dos números parecia um rapazinho. Contudo, os dois anciãos que viam agora transmitiam uma impressão bastante vivaz. Um deles tinha olhos grandes e usava peruca.

— Entrem, meus senhores, por favor. Meu nome é Eule, "corujão" em português. E este aqui é o professor Grauss, o "terrível".

O professor Grauss parecia severo de fato. Mal levantava os olhos de seus papéis. Robert tinha a sensação de que a visita não era lá muito bem-vinda.

— Estávamos aqui conversando sobre os números primos — disse o mais simpático. — Os senhores com certeza sabem que esse é um tema dos mais interessantes.

— Ah, sem dúvida — falou Robert. — Com eles, a gente nunca sabe direito onde está pisando.

— Você tem razão. Mas, com a ajuda do meu colega aqui, eu continuo tendo esperança de descobrir os truques desses primos.

— Se me permite, gostaria de perguntar o que o professor Grauss, o terrível, está fazendo.

O professor, porém, não quis revelar no que estava trabalhando.

— O professor Grauss, o terrível, fez uma descoberta maravilhosa. Ele está trabalhando com um tipo inteiramente novo de números. Como foi mesmo que o senhor os chamou, meu caro amigo?

— i — respondeu o ancião de olhar severo, e isso foi tudo o que ele disse.

— São os números inventados — explicou Teplotaxl. — Muito obrigado, meus senhores, e, por favor, perdoem o incômodo.

Robert e o diabo dos números seguiram adiante. Deram uma olhadinha na sala do Bonatchi, lotada de coelhos. Depois, passaram por outras, em que índios, árabes, persas e indianos estavam trabalhando, batendo papo ou dormindo, e, quanto mais eles avançavam, tanto mais velhos pareciam os habitantes do palácio.

— Aquele ali, que se parece com um marajá, tem pelo menos 2 mil anos — disse Teplotaxl.

As salas pelas quais passavam iam se tornando cada vez maiores e mais luxuosas, até que, por fim, Robert e o velho se viram diante de uma espécie de templo.

— Aí a gente não pode entrar — disse o diabo dos números. — O homem de túnica branca é tão importante que um pequeno diabo como eu não pode sequer lhe dirigir a palavra. Ele é da Grécia, e inventou uma quantidade tão grande de coisas que não dá nem para eu lhe contar. Está vendo os ladrilhos no chão? São todos estrelas de cinco pontas e pentágonos. Ele queria revestir o chão todo deles, sem deixar uma única frestinha, e, quando viu que não dava certo, descobriu os números insensatos. A raiz de 5 e a raiz de 2. Você lembra que tipo de números malditos são esses, não lembra?

— É claro — assegurou Robert.

— Pitágoras é o nome dele — sussurrou o diabo dos números. — E sabe o que mais ele inventou? A palavra *matemática*. Vamos, estamos quase chegando.

O salão em que entravam agora era o maior que Robert já tinha visto em toda sua vida. Maior do que uma catedral e maior do que um ginásio de esportes, além de muito, muito mais bonito. Mosaicos adornavam as paredes, exibindo desenhos sempre diferentes. Uma grande escadaria subia tão alto que não se podia ver o fim dela. Num patamar via-se um trono dourado, mas o trono estava vazio.

Robert se espantou. Não tinha imaginado que a casa do diabo dos números era tão luxuosa.

— Inferno, é? — disse ele. — Para mim, isto aqui é um paraíso!

— Não diga isso. Sabe de uma coisa? Eu não posso mesmo me queixar, mas à noite, quando às vezes não consigo avançar no problema que estou estudando... ah, isso é para deixar qualquer um maluco! Estou a um passo da solução e, de repente, me vejo diante de um muro: é um inferno!

Cuidadoso, Robert ficou calado e se pôs a olhar em torno. Somente agora ele tinha notado, bem no meio do salão, uma mesa que não acabava mais de tão comprida. Junto às paredes, viam-se serviçais e, logo à entrada, um sujeito alto como uma árvore segurando uma marreta. O homem afastou bem o braço que segurava a marreta e com ela golpeou um gongo enorme, fazendo seu som ecoar por todo o palácio.

— Venha — disse Teplotaxl. — Vamos procurar um lugar lá no fim.

Enquanto os dois sentavam ao final da mesa, foram chegando os mais importantes diabos dos números. Robert reconheceu o corujão e o professor Grauss, o terrível; reconheceu Bonatchi também, que trazia um coelho nos ombros. Mas a maioria dos cavalheiros ele jamais tinha visto. Eram egípcios desfilando solenemente, indianos com pontos vermelhos na testa, árabes vestindo albornozes, monges em seus hábitos, negros e índios também, turcos com seus sabres curvos, e americanos usando jeans.

Robert estava espantado de ver quantos diabos dos números existiam, e como havia poucas mulheres entre eles. Viu no máximo seis ou sete figuras femininas, e, ao que parecia, nem sequer essas eram levadas muito a sério.

— Onde estão as mulheres? Elas não podem entrar aqui? — perguntou.

— Antigamente, não se queria saber delas. "A matemática", dizia-se no palácio, "é coisa para homens." Mas eu acho que isso vai mudar.

Os muitos milhares de convidados se acomodaram em seus lugares e puseram-se a murmurar cumprimentos. Então, o homem alto como uma árvore logo à entrada golpeou mais uma vez o seu gongo, e todos ficaram em silêncio. Na escadaria enorme surgiu um chinês em trajes de seda, e foi sentar-se no trono dourado.

— Mas quem é esse? — perguntou Robert.

— É o inventor do 0 — sussurrou Teplotaxl.

— Deve ser o maioral.

— É o segundo em importância — corrigiu o diabo dos números. — O maior de todos mora bem lá em cima, onde termina a escadaria: nas nuvens.

— E ele também é chinês?

— Quem me dera saber! Nós nunca o vimos, nem uma única vez. Mas todos nós o veneramos. Ele é o chefe de todos os diabos dos números, porque foi ele quem inventou o 1. Quem é que sabe? Talvez nem seja um homem. Talvez seja uma mulher!

Robert estava tão impressionado que ficou um longo tempo de boca fechada. Enquanto isso, os serviçais haviam começado a servir o jantar.

— Ora, mas só tem torta! — exclamou Robert.

— Psiu! Não fale tão alto, meu rapaz. Aqui, nós só comemos tortas, porque elas são redondas, e o círculo é a mais perfeita das figuras. Experimente.

Robert jamais tinha comido algo tão delicioso.

— Se quiser saber qual o tamanho de uma torta dessas, como é que você faz?

— Não sei. Isso você não me contou. E, na escola, a gente ainda não saiu das rosquinhas.

— Você vai precisar de um número insensato, e, aliás, do mais importante deles. O cavalheiro lá na cabeceira da mesa foi quem o inventou, há mais de 2 mil anos. É um dos gregos. Se ele não tivesse existido, nós até hoje provavelmente não saberíamos ao certo o tamanho de uma torta assim, nem o tamanho das nossas rodas, anéis e tanques de petróleo. Simplesmente não saberíamos o tamanho de tudo o que é redondo. Nem mesmo da Lua e da Terra. Sem o número pi não há o que fazer.

Nesse meio tempo, um grande burburinho tomara conta do salão, graças à animação com que conversavam os diabos dos números. A maioria comia com grande apetite; somente alguns poucos olhavam fixo para lugar nenhum, perdidos em seus pensamentos e girando pedacinhos redondos de massa de torta. A bebida era farta também e, por sorte, servida em copos pentagonais de cristal, e não naquela garrafa maluca do senhor Klein.

Terminada a refeição, soou o gongo. O inventor do 0 levantou-se de seu trono e desapareceu escada acima. Pouco a pouco, os demais diabos dos números foram se levantando também (primeiro os mais importantes, é claro) e retornando a suas salas de estudo. No fim, somente Robert e seu protetor permaneciam sentados.

Então um senhor vestindo um uniforme luxuoso, cuja presença Robert nem sequer notara, se aproximou deles. "Só pode ser o secretário-geral", pensou, "o homem que assinou o meu convite."

— É este o vosso discípulo, então — principiou a digníssima figura com uma expressão austera.

— Bem jovem, o senhor não acha? Será que ele já é capaz de fazer ao menos algumas pequenas mágicas?

— Ainda não — respondeu o amigo de Robert. — Mas, se continuar assim, com certeza logo vai começar a fazê-las.

— E quanto aos números primos? Ele sabe quantos deles existem?

— Eles são tantos quanto os comuns, os ímpares e os que saltam — respondeu Robert depressa.

— Muito bem. Então vamos dispensá-lo de mais perguntas. Como é que ele se chama?

— Robert.

— Levante-se, Robert. Neste momento, eu o

acolho no grau mais baixo dos aprendizes dos números e, como emblema desta honra, concedo-lhe a Ordem Numérica Pitagórica de quinta classe.

Com essas palavras, o homem pendurou no pescoço de Robert uma pesada corrente da qual pendia uma estrela dourada de cinco pontas.

— Muito obrigado — disse Robert.

— É evidente que esta distinção deve permanecer em segredo — acrescentou o secretário-geral, que, sem lançar um único olhar para Robert, girou sobre seus calcanhares e desapareceu.

— Pois bem, isso é tudo — disse o amigo e mestre de Robert. — Eu vou indo. De agora em diante, você precisa ver como se sai sozinho.

— O quê? Você não pode me abandonar numa hora dessas, Teplotaxl! — exclamou Robert.

— Sinto muito, mas preciso voltar para o trabalho — disse o velho.

Olhando para ele, Robert viu que seu amigo estava comovido, e o próprio Robert sentia vontade de abrir o berreiro. Ele ainda não tinha percebido o quanto gostava de seu diabo dos números. Mas, é claro, nem um nem outro quis demonstrar qualquer coisa, e Teplotaxl disse apenas:

— Cuide-se bem, Robert.

— Tchau — respondeu Robert.

E lá se foi o seu amigo. Robert estava agora sentado sozinho no enorme salão, diante da mesa já arrumada. "Mas que diabo! Como é que eu vou para casa agora?", pensou. Ele tinha a sensação de que a corrente que trazia em torno do pescoço se tornava mais pesada a cada minuto. Além disso, sentia a torta maravilhosa pesando no estômago. E será que tinha bebido um pouquinho a mais? De qualquer modo, começou a cochilar na cadeira, e logo estava dormindo tão profundamente como se nunca tivesse deixado seu quarto, voando janela afora nos ombros de seu mestre.

Quando acordou, é claro que estava deitado em sua cama, como sempre, com a mãe chacoalhando-o e dizendo:

— Está na hora, Robert. Se você não se levantar neste minuto, vai chegar atrasado à escola.

"Certo", Robert disse a si próprio, "é sempre a mesma coisa. No sonho, a gente come a melhor das tortas e, se tiver sorte, ganha até uma estrela de ouro pendurada no pescoço. Mas é só acordar, tudo desaparece de novo."

Quando, porém, ainda de pijama, escovava os dentes no banheiro, sentiu algo fazer cócegas em seu peito e, quando foi olhar o que era, encontrou uma minúscula estrela de cinco pontas pendendo de uma fina correntinha de ouro.

Mal podia acreditar. Dessa vez o sonho lhe trouxera alguma coisa de verdade!

Ao se vestir, tirou a correntinha com a estrela e guardou-a no bolso da calça, para evitar que sua mãe lhe fizesse perguntas idiotas. "Onde você arrumou esta estrela?", ela perguntaria de imediato. "Um menino não usa essas coisas!"

Que aquilo tinha a ver com uma ordem secreta, Robert não podia explicar a ela.

Na escola, correu tudo como sempre. A única diferença foi que o professor Bockel parecia muito cansado. Escondia-se atrás de seu jornal. Era evidente que queria comer suas rosquinhas em paz. Por isso bolara um exercício que sabia que a classe levaria o resto da aula para resolver.

— Quantos alunos tem a classe de vocês? — perguntara.

Imediatamente, a aplicada Doris levantara e respondera:

— 38.

— Muito bem, Doris. Agora, prestem atenção. O primeiro aluno aqui na frente, como é mesmo que ele se chama? Ah, Albert, isso, o Albert vai receber 1 rosquinha. Você, Bettina, é a segunda, e vai receber 2 rosquinhas, Charlie receberá 3, Doris 4, e assim por diante, até o 38º. Agora me digam, por favor, de quantas rosquinhas precisaríamos se quiséssemos distribuí-las dessa maneira para a classe toda?

Era, de novo, um exercício chato, típico do professor Bockel! "Que o diabo o carregue", pensou Robert. Mas não demonstrou sua irritação.

O professor Bockel começou a ler seu jornal na santa paz, e os alunos se debruçaram sobre suas contas.

É lógico que Robert não estava com vontade nenhuma de fazer aquele exercício idiota. Ficou sentado em sua carteira procurando buracos no ar.

— O que houve, Robert? Você já está sonhando de novo! — exclamou o professor Bockel. Mantinha, portanto, um olho nos alunos.

— Já estou fazendo o exercício — respondeu Robert, e começou a escrever no seu caderno:

$$1 + 2 + 3 + 4 + 5 + 6 \cdots$$

Meu Deus, mas que coisa terrível! Já no 11 ele estava todo enrolado. Aquilo tinha que acontecer com ele, o portador da Ordem Numérica Pitagórica, ainda que apenas de quinta classe? Foi então que lhe ocorreu que não estava usando sua estrela. Ele a havia esquecido no bolso da calça.

Com cuidado, tirou a estrela do bolso e, sem que o professor Bockel notasse, pendurou a correntinha onde era o lugar dela: em torno do pescoço. No mesmo instante, já sabia como resolver a questão de maneira elegante. Não era à toa que conhecia muito bem os números triangulares. Como é que era mesmo? Escreveu no caderno:

$$1 \quad 2 \quad 3 \quad 4 \quad 5 \quad 6$$
$$12 \quad 11 \quad 10 \quad 9 \quad 8 \quad 7$$
$$\overline{13 \quad 13 \quad 13 \quad 13 \quad 13 \quad 13}$$

$$6 \times 13 = 78$$

Se isso funcionou com os números de 1 a 12, então deve dar certo também com os de 1 a 38!

$$1 \quad 2 \quad 3 \quad \cdots \quad 18 \quad 19$$
$$38 \quad 37 \quad 36 \quad \ldots \quad 21 \quad 20$$
$$\overline{39 \quad 39 \quad 39 \quad \cdots \quad 39 \quad 39}$$

$$19 \times 39 = \,?$$

De sob a carteira, Robert cuidadosamente retirou sua calculadora da pasta e digitou:

$$19 \times 39 = 741$$

— Já sei! — gritou. — Isso é uma brincadeira de criança!

— É mesmo? — perguntou o professor Bockel, baixando o jornal.

— 741 — disse Robert bem baixinho.

A classe ficou no mais completo silêncio.

— Como é que você sabe? — perguntou o professor Bockel.

"Aaah", respondeu Robert, "é uma conta tão simples que até se faz sozinha." E Robert pegou sua estrelinha por baixo da camisa e pensou agradecido no seu diabo dos números.

Aviso!

Nos sonhos, tudo é muito diferente do que é na escola ou na ciência. Quando conversam, Robert e o diabo dos números às vezes se expressam de maneira bastante singular. O que também não é de espantar, pois O *diabo dos números* é mesmo uma história incomum.

Não pensem, porém, que todo o mundo entende o vocabulário desses sonhos! Os professores de matemática, por exemplo, ou os pais da gente. Se vocês disserem a eles que os números *saltam* ou que *saltam para trás*, eles não vão entender o que significa. Os adultos dizem essas coisas de uma forma bem diferente: em vez de *números saltando* falam em *elevar um número ao quadrado* ou em *potências;* e, em vez de *saltar para trás*, dizem *extrair a raiz* de um número. Os números *primos* chamam-se números *primos* mesmo, mas vocês nunca vão ouvir seu professor dizendo *cinco bum!*. Para isso, ele tem uma outra palavra, e dirá: *cinco fatorial*.

Nos sonhos, contudo, esses termos técnicos não existem. Ninguém sonha nessa língua especializada. Portanto, quando o diabo dos números fala por imagens e diz que os números saltam, isso não é mero papo de criança: é que nos sonhos fazemos todos o que bem entendemos.

Mas na sala de aula não se dorme, e raramente se sonha. Por isso, o professor de vocês tem razão em se expressar do mesmo modo que todos os matemáticos do mundo. Acompanhem o professor, então, senão vocês estarão arrumando encrenca na escola.

Achados e perdidos

Quem leu o livro e não se lembra mais como se chama aquilo de que está precisando agorinha mesmo, poderá dar uma olhada na lista que segue e, assim, achar mais rápido o que está procurando.

Nessa lista, em ordem alfabética, vocês encontrarão não apenas as palavras utilizadas nos sonhos por Robert e pelo diabo dos números, mas também as palavras "corretas", os termos oficiais que os matemáticos usam. Estes últimos estão em letra normal, ao passo que os termos empregados nos sonhos estão em *itálico*.

Além disso, aparecem ainda na lista algumas palavras que não estão no livro. Mas com essas vocês não precisam se preocupar.

É que pode ser que O *diabo dos números* caia nas mãos de professores de matemática ou de outros adultos. E foi para eles que acrescentamos essas palavras, para que eles também possam rir um pouco.

Algarismos romanos, 32-34
Algoritmo simplexo, 232
Anel de pirâmides, 211
Anel de tetraedros, 211

Apertos de mão (combinação sem repetição), 158-161

Arestas *(linhas)*, 204, 209-211

Arquimedes de Siracusa (287-212 a.C.), 248

Árvore, 121

Autossemelhança, 202

Axiomas, 221

Bonatchi (Leonardo de Pisa, ou Fibonacci), 108, 244, 246

Bum! (fatorial), 157-158, 181,230

Cantor, Georg (1845-1925), 242-243

Círculo, cálculo do *(torta)*, 248-249

Cocos (números triangulares), 93-101

Coelhos, 112-120

Combinação de *n* elementos num conjunto *(tropa da vassoura)*, 162-167

Combinação sem repetição *(apertos de mão)*, 158-161

Combinatória, análise, 149-167

Conjecturas (hipóteses), 218

Conjuntos infinitos contáveis ou enumeráveis, 15-17

Cristais de neve, 193-194

Crivo de Eratóstenes (prova dos números), 57-60
Cubo (hexaedro), 207-209
Curva de Koch, 194

Decomposição em fatores, 61
Demonstrações ou provas, 218-228, 231
Diagonais do quadrado, 80-81
Dividir, 50-51
Divisão do chiclete (números infinitamente pequenos), 17-20
Divisão por zero, 53-55
Dodecaedro *(esfera de pentágonos)*, 208

Elevação a zero, 220
Elevar ao quadrado *(saltar com o dois)*, 79-80, 136, 181
Eratóstenes (-280-200 a.C.), 57-61
Esfera de pentágonos (dodecaedro), 208
Eule, o corujão (Euler), 243-244, 246
Euler, Leonhard (1707-83), 243-244, 246
Extrair a raiz (radiciação, *saltar para trás*), 76-80

Fatorial (*bum!*), 157-158, 181,230

Fórmulas de Euler, 204-206, 211

Frações, 18-19, 184-189

Frações contínuas, 200

Frações decimais, 69-74, 197

Frações decimais, não periódicas, 69-74, 197

Frações decimais, periódicas, 75, 197

Frações simples, 18-19, 184-185

Fractais, 193-194

Garrafa de Klein, 241-242

Gauss, Carl Friedrich (1777-1855), 243-244, 246

Grauss, professor, o terrível (Carl Friedrich Gauss), 243-244, 246

Hexaedro (cubo), 207-209

Hipótese de Goldbach, 62-63

Hipóteses (conjecturas), 218

i ($\sqrt{-1}$), 244

Icosaedro, 207-208

Klein, Felix (1849-1925), 242

Leonardo de Pisa, ou Fibonacci (~1170-1240, *Bonatchi*), 108, 244, 246
Limite, 71, 186, 198
Linhas (arestas), 204, 209-211
Lord Russell (Bertrand Russell), 226-228, 240-241
Lua, Joãozinho da (Johan van de Lune), 224-225
Lune, Johan van de (*Joãozinho da Lua*), 224-225

Malhas, 204-206
Menos (números negativos), 34-36
Multiplicação do chiclete (números infinitamente grandes), 16-17

Nós (vértices), 204-206, 209-211
Números comuns (números naturais), 175-178
Números comuns pra cachorro (números naturais), 175-178
Números de Bonatchi (sequência de Fibonacci), 108-121, 140, 196-197

Números imaginários (*números inventados*), 244

Números ímpares, 176

Números infinitamente grandes, 16-17

Números infinitamente pequenos, 17-20

Números insensatos (números irracionais), 75, 78, 197-198

Números inventados (números imaginários), 244

Números irracionais (*números insensatos*), 75, 78, 197-198

Números naturais (*números comuns*), 175-178

Números negativos (*menos*), 34-36

Números primos, 55-63, 178

Números quadrados (*números quadrangulares*), 102-103

Números quadrangulares, 102-103

Números saltando (potenciação, elevação ao quadrado), 38-41

Números triangulares, 93-101, 133-135, 159-160, 254-255

Objetos topológicos, 241

Octaedro (*pirâmide dupla*), 207-208

Otimização, problema da, 231

Pascal, Blaise (1623-62), 127-146
Pentágono, 201-204
Permutação (*troca de lugares*), 149-158
Pi (π), 248-249
Pirâmide (tetraedro), 206
Pirâmide dupla (octaedro), 207-208
Pitágoras de Samos (séc. VI a.C.), 245
Pitágoras, teorema de, 81-83
Poeira de Cantor, A, 242
Poliedro, 205-211
Polígono, 206
Politopos, superfície de, 232
Postulado de Bertrand, 62
Potenciação (*números saltando*), 38-41
"Principia Mathematica" (B. Russell e A. N. Whitehead), 224-225
Problema do caixeiro-viajante (*Viagem aos Estados Unidos*), 228

Quang, 81-82, 201
Quantidades supracontáveis, 83-84, 243

Radiciação (extrair a raiz, *saltar para trás*), 76-80
Raiz quadrada, 79

Raiz, extrair a (radiciação, *saltar para trás*), 76-80

Recursão, 110, 197, 199

Relógio-coelho, 113-121

Rosquinhas (objetos topológicos), 241

Russell, Bertrand (1872-1970), 226-228, 240-241

Saltar para trás (extrair a raiz, radiciação), 76-80

Sequência de Fibonacci *(números de Bonatchi)*, 108-121, 140

Sequências, 175

Série geométrica, 184-186

Série harmônica, 184-189

Séries, 182-189

Séries aritméticas, 100-101, 254-255

Sistema decimal, 37-46

Tetraedro *(pirâmide)*, 206

Torta (cálculo do círculo), 248-249

Triângulo de Pascal *(triângulo dos números)*, 127-146

Triângulo do empacotamento de Sierpinski, 136-146

Triângulo dos números (triângulo de Pascal), 127 -146

Troca de lugares (permutação), 149-158

Tropa da vassoura, 162-167

Um, o elemento um, 15, 248

Valor limite, 71, 186, 198

Vértices *(nós)*, 204-206, 209-211

Viagem aos Estados Unidos (problema do caixeiro-viajante), 228

Zero, 32-36, 41

Agradecimento

Considerando-se que o autor deste livro não é um matemático, sobram-lhe razões para agradecer àqueles que lhe deram uma bela mãozinha.

Em primeiro lugar, seu professor de matemática, Theo Renner, um discípulo de Sommerfeld que, ao contrário do professor Bockel, sempre foi capaz de provar que na matemática reina a alegria, e não o medo.

Entre os novos diabos dos números cujos trabalhos revelaram-se muito úteis vale mencionar: John H. Conway, Philip J. Davis, Keith Devlin, Ivar Ekeland, Richard K. Guy, Reuben Hersch, Konrad Jacobs, Theo Kempermann, Imre Lakatos, Benoit Mandelbrot, Heinz-Otto Peitgen e Ian Stewart.

Pieter Moree do Instituto Max Planck de Matemática, em Bonn, foi gentil o bastante para revisar o texto e corrigir alguns erros.

Naturalmente, nenhum desses senhores pode ser responsabilizado pelos sonhos de Robert.

Munique, outono de 1996   *H.M.E.*

1ª EDIÇÃO [1997] 31 reimpressões

ESTA OBRA FOI COMPOSTA PELO ESTÚDIO O.L.M EM BERKELEY
E FOI IMPRESSA PELA GEOGRÁFICA EM OFSETE SOBRE PAPEL ALTA ALVURA
DA SUZANO S.A. PARA A EDITORA SCHWARCZ EM ABRIL DE 2025

A marca FSC® é a garantia de que a madeira utilizada na fabricação do papel deste livro provém de florestas que foram gerenciadas de maneira ambientalmente correta, socialmente justa e economicamente viável, além de outras fontes de origem controlada.